ÍNDICE

CONTRACUBIERTA
Asociación de Libreros de Toledo
Octubre 2024
Número 1

DIRECCIÓN
Elvira Rivero
Víctor Martín

DIRECCIÓN DE ARTE
Javi Cohen

ILUSTRACIÓN DE CUBIERTA
Carla Berrocal

ILUSTRACIÓN DE GUARDAS
Javi Cohen

AGRADECIMIENTO FOTOGRAFÍAS
Toledo Olvidado

IMPRESIÓN
Editorial Ledoria

Depósito legal: TO-253-2024
ISBN: 978-84-19887-39-9

**CARLOS VELÁZQUEZ ROMO
ALCALDE DE TOLEDO**

SALUDO DEL ALCALDE

Es un placer dirigirme a ti, lector, desde estas páginas, para darte la bienvenida a la Feria del Libro de Toledo.

Este es uno de los eventos culturales más importantes de nuestra ciudad, que se encuentra inmersa en un objetivo común como es lograr la Capitalidad Europea de la Cultura en el 2031. Estoy convencido de que el cambio de fecha de mayo a octubre, contribuirá a revitalizar el sector y conseguir que sea una cita cada vez más profesionalizada y marcada en el calendario de escritores, editoriales, y lectores.

Además, la Feria del Libro incluye otras actividades como juegos de mesa, talleres de lectura activa o encuadernación, que convertirán a Zocodover en un punto de encuentro y en una experiencia inolvidable para todos los que se acerquen a nuestro Casco Histórico que volverá a ser un reclamo cultural, social, turístico y económico.

Quiero aprovechar estas líneas para agradecer la inmensa labor que realizan durante todo el año desde la Asociación de Libreros de Toledo. Su pasión y su tesón, en colaboración con el Ayuntamiento, hacen posible que la ciudad que inspiró a Garcilaso de la Vega, a Cervantes, a Bécquer o a Galdós, abra de nuevo sus puertas a los amantes de la literatura, facilitando el acceso al incalculable valor de la lectura.

Nuestro compromiso con el sector es indudable, y seguiremos trabajando para mejorar en cada edición, y hacer de esta feria un lugar atractivo para las mejores firmas del país. De algunas de ellas hemos tenido la oportunidad de disfrutar a lo largo de este año gracias al I Ciclo de Novela Histórica.

Confío en que esta edición será un éxito y os invito a que visitéis la feria y compréis algún libro dejándoos guiar por las recomendaciones de nuestros libreros. Si me permitís la mía; "Toledo, un paseo por la historia" de Juan Eslava Galán, ilustrado por la artista Carmen González Castro, no os dejará indiferentes, y os descubrirá alguno de los mejores secretos de nuestra ciudad imperial.

Feliz Feria del Libro

SALUDO DEL LIBRERO DE LAS
GAFAS DE CULO DE VASO

Y ya llevamos XIX ediciones de la Feria del Libro.

Y nuestro mundo sigue en crisis, el mundo del librero, digo. Y aun así, subsistimos y vivimos. Cierto es que cada vez menos de los libros, que no es que no vendamos, es que no vendemos los suficientes, y por eso ahora en las librerias tambien puedes encontrar café, lápices, clubes de lectura, vinilos, algún que otro escritor despistado e incluso lectores que se han hecho fuertes en los sillones de lectura que ponemos como extra.

Vivimos en la dicotomía de vender el último libro de mi muy ignorado Paulo Coelho, en su versión youtuber, o la eterna reedición del Quijote de Rico; entre la mentira impresa en las fajas de los libros –"la crítica ha dicho de él", ¿qué crítica, si acabáis de imprimir el libro? - y la certeza del libro masticado, rumiado y regurgitado. Al final, el librero es un aprendiz de mucho y maestro de nada.

Y si tan malo es todo y las librerias van tan mal ¿por qué seguimos? Y sobre todo, ¿por qué hacemos Ferias del Libro? En Toledo la respuesta es muy clara: porque nos gusta (y porque nos divierte, que dirían Los Ronaldos).

Nos gusta llenar un rectángulo de 3x2 metros de libros uno tras otro, apretujaditos, juntitos pero no revueltos, todos con un 10 % de descuento y ver cómo van mermando las filas, como las estanterías se van quedando yermas, mientras te paseas por la de tu vecino. Tambien nos gusta preguntar por las ventas, regocijándote por tus buenos números o lamentándote por los malos (en este caso internamente, claro), mientras criticas al lector que te ha pedido el último libro de Posteguillo sabiendo solo has traído a tu pequeño puesto ensayo filosófico de tendencia averroísta o por cómo se ha ofendido el otro, porque no han querido reeditar la Philosofia de Virgilio de Córdoba.

Y como no, charlar entre firma y firma con el emocionado autor novel, al que un despistado turista le ha comprado su descuidada autopublicación o disertar con el afamado sobre lo duro que es ganarse la vida como juntaletras y afirmar que cada día se lee menos, mientras observas con estupor la interminable fila de lectores que esperan hacerse una foto con la instagramer ahora escritora, mientras hojea descuidadamente la obra culmen del occidente conocido.

Lo de siempre, vamos.

Por eso, este año volvemos a la plaza de Zocodover, con las casetas, la seguridad, los alcaldes concejalas y periodistas. Con los escritores, cuentistas, juntaletras, expendedores de libros y libreros. Con los prelectores, lectores y postlectores, con los tecnológicos y los analógicos y con nuestro Cervantes protector que cuida de las "letras" (un año nos las robaron) mientras se sienta en su incómodo sillón con un libro en el regazo, intentado leer entre selfi y selfi.

BUENA FERIA Y BUENA LECTURA.

¿Quién cuida de las librerías?

POR VICTOR M. MARTÍN
ILUSTRACIÓN JAVI COHEN

Interesante pregunta. Dicen los expertos que el sector editorial español pasa por uno de sus mejores momentos, si no el mejor. Curiosamente, la pandemia que acabó con tantas vidas en 2020 ha servido de palanca para aupar al mundillo de libro hasta sus mejores cifras. Pero no es oro todo lo que reluce en el reino de **Planeta** y **Penguin**. Antes de empezar el recital de llantinas, quejas y gimoteos, convendría esbozar, siquiera en pocas líneas, cómo es la cadena de producción del libro que vas leer esta noche cuando te acurruques en la cama, agotado tras una larga jornada laboral.

Como bien se sabe, todo empieza en el autor, que es quien tiene la idea y se decide llevarla al papel. **Sin escritores, no habría nada** –aunque la IA amenaza con hacerlos, también, prescindibles...–. El autor, con su libro terminado busca editorial, bien directamente, o bien a través de una agencia de literaria. Si todo va bien –y casi nunca lo va-, el autor termina encontrando a alguien que quiere publicar su libro sin que le cueste un solo euro: ese *alguien* es **la editorial**. Una vez que ésta compra los derechos, se produce la magia de convertir los folios emborronados -o un archivo digital, que resulta mucho menos glamuroso- en ese objeto casi perfec-to que es el libro. Para crearlo hacen falta traductores, correctores, diseñadores, periodistas, ilustradores... Un montón de oficios, con mayor o menor protagonismo, pero que resultan igualmente necesarios para acabar el producto. Con el libro ya acabadito y todo, hay que llevarlo a las librerías, y eso se hace a través del **distribuidor, cuyo rol** en este enrevesado mundo **podría ser equiparable al de la banca en el casino: siempre gana**, ya sabes... Si formas parte de un gran grupo editorial, tú mismo te encargas de llevar tus libros a las librerías, pero la inmensa mayoría de las editoriales precisan de un distribuidor. No olvidemos, en este preciso momento, que cuando el distribuidor envía el libro a la librería, no lo hace por tele transporte, sino que tiene que recurrir a las **empresas de mensajería**, quienes dependiendo del mes en el que estemos, cumplen con los plazos de entrega o *se los pasan por el arco del triunfo*. Pero bueno, al fin tenemos el libro en las librerías, ¿el último eslabón de la cadena? No te equivoques: **el último eslabón eres tú, el lector**, la persona que tiene que decidir qué libro compra, si le gusta o no, si lo quiere recomendar... El lector es quien tiene la última palabra.

Una última acotación, quizá innecesaria pero conveniente: **el precio del libro** (exceptuando los libros de texto de la educación obligatoria, es decir, primaria y la ESO) **es fijo**. Lo decide el editor y el libro debe venderse a ese precio en cualquier establecimiento, sea una librería una gran superficie o un *parque temático*. El único descuento que permite aplicar la ley del libro durante todo el año, si te salen las cuentas, es el 5%, que puede llegar al 10% en fechas especiales como el 23 de abril, ferias del libro, etc. Curiosamente, **cuando vendes un libro a la administración pública**, que va más sobrada de pasta que tú, querido lector, entonces **en ese caso podemos** (y *debemos*) **aplicar hasta un 15% de descuento**. Sí, ya sé lo que estás pensando.

Una vez claros cuáles son los pasos desde que la idea nace en la cabeza del autor hasta que el lector abre sus páginas, ahora sí, empezamos con la ristra de quejas y lamentos que las librerías y libreros –no todos, pero yo sí- lanzamos al mundo, con la vana esperanza de que **alguien escuche nuestros gritos en el espacio**.

Empecemos por los autores. Hace más de treinta años trabajé en el diario **MARCA** (si, ya lo sé, **todo el mundo tiene un pasado oscuro**). En esa época podías acudir tranquilamente al entrenamiento del **Real Madrid** o del **Barcelona**, verlo completamente, y lo más increíble de todo, a la finalización del mismo podías hablar con el jugador que quisieras, tomarte un refresco, hacerle una entrevista en ese mismo instante o dejarla concertada para otro momento. **La accesibilidad** a los futbolistas **era total y absoluta**. Aquello fue perdiéndose poco a poco, ya a primeros de los años dos mil, había que pasar por el representante o el jefe de prensa de turno, y ahora es virtualmente imposible para un periodista normal y corriente, sin nombre y apellidos, poder acercarse a un futbolista. A lo mejor, si juegas en el

Leganés, o en el **Getafe**, o en el **Valladolid** no lo es tanto, pero si un recién llegado quiere entrevistar a **Lamine Yamal** o **Vinicius**, si no te llamas **Pablo Motos** o trabajas en un grupo audiovisual potente, lo tienes crudo.

<<En un mundo ideal, las editoriales tendrían que darnos este problema resuelto a las librerías, pero este mundo dista mucho de serlo.>>

Puede que algunos os estéis preguntando a cuento de qué viene este rollo. Algo parecido está sucediendo con los autores. Quede claro que hay de todo, que todavía algunos responden a los mensajes, aceptan modestos ofrecimientos como puedan serlo acudir a la **Feria del Libro de Toledo** o a las **tertulias literarias** que organiza la **Asociación de Libreros**. Pero desgraciadamente para nosotros, son más los que hacen oídos sordos a nuestras peticiones. **O bien no te responden, habiendo dejado ellos mismos canales de comunicación abiertos en sus redes sociales o páginas webs, o lo hacen derivándote a su responsable de prensa** (cuando esto sucede, puedes darte por jodido) **o te piden un caché que puede oscilar entre los 500 a los 3.000 euros**, dato ofrecido desde mis propias vivencias. Más gastos de viaje y alojamiento, que son los que cubrimos habitualmente. Para que el autor te atienda, suelen darse dos circunstancias: una, que sea un tipo normal, a pesar de su éxito literario y periodístico (en muchos casos), caminan por el suelo como tu o como yo, y no levitan a medio metro de altura; el otro perfil lo dan aquellos cuyo posicionamiento en el *establishment* editorial es todavía modesto y aceptan con entusiasmo todo tipo de ofertas.

Personalmente, lo que llevo peor de todo es el silencio. Cuando una librería o una feria del libro contacta con un autor, lo está haciendo **la persona que tiene que vender su libro** en la librería. Entiendo que sus agendas son complicadas, que todos los queremos en nuestras librerías y ferias, y no tienen, de momento, el don de la ubicuidad, pero **una amable contestación a un compañero colateral de profesión creo que es lo mínimo que se les puede pedir**.

Luego está el tema de los cachés, honorarios en palabras de representantes y directores comerciales. **Como librero, me resistiré hasta que sea posible a pagar el caché que sea a un autor por venir a firmar sus libros**. No hablo de impartir una conferencia o de dar un curso o seminario... Hablo de firmar sus propios libros. Aparte de este principio ético que **en algún momento de mi vida me tendré que comer con patatas**, creo que este nuevo hábito implica un desconocimiento brutal del estado real de la mayor parte de las librerías, que no pueden afrontar ese tipo de gastos. Volvamos a los números. Planteemos un supuesto de los más económicos. Invitamos al autor X, que se desplaza a Toledo desde Madrid. Debo abonar su viaje (22,20 euros) y pongamos que me pide un modesto caché de 300 euros. Parto de entrada con un gasto mínimo de 322 euros. De un libro que cueste 20 euros, una librería gana, aproximadamente unos 5 euros. Esa librería tendría que **vender entre 60 y 70 libros sólo para cubrir gastos**. Qué levante la mano el li-

brero que ha vendido esas cifras en una firma de libros. Si el autor viene de más lejos y encima tiene que hacer noche en la ciudad, es mejor no hacer más cuentas.

Igual que sucedió con la burbuja inmobiliaria en su momento, lo importante no es que un autor *valga* lo que pide; lo preocupante es que **habrá una librería que estará dispuesto a pagarlo**. Y eso terminará haciendo casi imposible a medio y largo plazo que un autor quiera visitar una librería como **Hojablanca** si no le garantizamos unos ingresos determinados, hasta que la burbuja explote y terminen desapareciendo la mayor parte de las librerías.

Todavía es posible traer autores que no pasan por esa dinámica, y así hemos conseguido hacer las tertulias literarias, o tener nuestro propio club de lectura, al que invitamos al autor del libro que leemos. Pero ¿cuánto tiempo nos queda de disfrutar de este pequeño placer? Y una última derivada que todo empresario debería hacerse: ¿cuánto tiempo hay que dedicar para conseguir que vengan a Toledo ocho autores para las tertulias, otros tanto para los clubes de lectura y cuatro o cinco más para la Feria del Libro? Sólo quien tiene que dedicarse a ello lo sabe. ¿Compensa?

También podríamos hablar del intrusismo, ese que denuncian con vehemencia, por ejemplo, los periodistas, y luego algunos lo protagonizan en otros sectores: hay autores (no auto publicados, esto es importante, muy importante) que venden sus propios libros, excluyendo siempre que pueden a las librerías, hay **colegios concertados y AMPAS** que **venden libros de texto a un precio más bajo** que el que me cuesta a mi comprarlo al distribuidor.

En un mundo ideal, las editoriales tendrían que darnos este problema resuelto a las librerías, pero este mundo dista mucho de serlo. En **febrero de 2024**, las librerías tuvimos que soportar el escándalo de la edición limitada de **"Alas de hierro"** que se anunció a bombo y platillo. No sé cuántos ejemplares imprimió Planeta de ese título (y en ese formato), pero a las librerías no llegaron, y si lo hicieron, fue con cuentagotas. Pero quienes soportamos estoicamente el enfado de los lectores que habían reservado ese libro y no les llegó fueron los libreros, nadie más. Ahora, en noviembre, hay que volver a cruzar los dedos, con la salida al mercado de las ediciones del coleccionista de **"Alas de sangre"** y "Alas de hierro". En Hojablanca hemos reservado 20 ejemplares de cada título. A ver si nos llega alguno. Desde ya animo a seguidores y fanáticos del libro como objeto de culto que si quieren tener alguna posibilidad de conseguir esos libros, pasen por el aro de las grandes superficies (**El Corte Ingles**, **FNAC**, etc) o asómense a **La Casa del Libro** (propiedad de... Planeta). Tengo poca fe en que no vuelva a pasar lo que ya sucedió en febrero. Ojalá me equivoque.

De todas formas, es tontería querer vivir enfrentados a estos dos grupos. Para la Feria del Libro de este año, pedimos la colaboración de Penguin y Planeta, de manera que pudieran enviar a alguno de sus autores para firmar durante la Feria. Penguin ha considerado oportuno no enviar a ningún autor. En el momento de enviar estas páginas a imprenta, ya casi en el tiempo añadido, Planeta nos ha conseguido dos autores. **Lo que resulta realmente llamativo es que autores que hemos pedido a los grupos editoriales y que, según ellos, no han mostrado ningún interés y tampoco les han querido "obligar" a visitar Toledo, cuando hemos sido capaces de contactar con ellos por vía privada, si han accedido a venir.** Resulta curioso. Nada de esto pasa con las editoriales independientes, por las que pasa el futuro del libro y las librerías tal

y como lo concebimos los románticos del asunto. Ellas siempre están dispuestas a todo, colaboran, suman, aportan, ayudan, creen de verdad en las librerías y nos saben fundamentales para su subsistencia. Como ellas lo son para nosotros.

Si pasamos la página de las editoriales, llegamos a los distribuidores. ¡¡¡¡Qué decir de estas organizaciones cuya única razón de ser es la de vender, vender, vender y vender libros!!!! Como muy bien ilustraron los chicos de **Errata Naturae** en su brillante manifiesto **"Jinetes en la tormenta"**, ya alertaban de la **sobredimensión del aparato editorial** y dejaban claro que los distribuidores eran los que siempre ganaban. Como buenos tahúres del Mississippi, un as vive permanentemente bajo su manga. Ríete de la letra pequeña de los bancos. También podían poner un poco más de cuidado en vigilar el estado de los libros que nos mandan, que a veces parecen más bien despachados como si melones o patatas se tratara. **Rara es la semana que no hay que hacer cuatro, cinco, diez reclamaciones por libros que llegan en mal estado.** Y no estamos hablando de las cajas (que esa es otra, las empresas de mensajería), estamos hablando de paquetes que llegan en perfecto estado por fuera, pero que por dentro parece como si hubieran estado bailando merengue durante todo el viaje.

Colateral al distribuidor está la figura del comercial del mismo, generalmente, un tipo cuyo único objetivo es cumplir su objetivo de ventas a fin de año como sea. El fin justifica los medios. Y ves que te llega un lote del Osito Tito que no has pedido, o que compraste 10 ejemplares del último Carmen Mola y te llegan 25... Cosas así. **Por mi forma de ser, me gusta llevarme bien con la gente, y los comerciales no son ninguna excepción.** Pero la vida me ha demostrado, una vez más, que **donde tú crees que hay un atisbo de amistad, sólo permanece una estricta relación** comercial de compras y ventas, y en cuanto dejas de serle útil para su objetivo, se corta la comunicación con ellos. Me ha pasado con más de uno, y de dos. Y de tres. Sé que toda generalización resulta injusta, pero las estadísticas me lo ponen muy difícil. Cuando el distribuidor tiene un problema contigo, el teléfono no deja de sonar; cuando eres tú el que tienes el problema con el distribuidor, no hay manera de que descuelguen.

Dicho todo esto, tiene uno la sensación que **por las librerías se preocupa muy poca gente**. Las grandes editoriales, no. Un apreciable porcentaje de los autores, tampoco. Las administraciones públicas y los políticos... En los casi siete años que llevo trabajando en Hojablanca podría contar con los dedos de las manos los políticos de la ciudad que han pasado por la librería, no digo ya a comprar, sino a preguntar cómo nos va. Y me sobran dedos.

Pero estas líneas no dejan de ser un panfleto de un librero malhumorado que no sabe ya donde vocear. Busquemos algunas estadísticas que nos intenten aportar luz entre tanta bilis: un número es un número. Según el mapa de librerías que edita todos los años CEGAL, la Confederación Española de Gremios y Asociaciones de Libreros, el número de librerías en España tocó su techo en 2013, con 4.336 librerías abiertas en todo el país (quedan excluidas de este dato las librerías que sólo operan online, las grandes cadenas y superficies comerciales, y también las librerías de segunda mano). **Diez años más tarde, en 2023 (últimos datos oficiales que se conocen), el número de librerías ha descendido hasta 2.792, un 35,61% menos de librerías.** Mientras tanto, los beneficios de los dos grandes grupos ya citados crecen año tras año. Creo, honradamente, que hay razones para pensar que muy poca gente cuida a las librerías.

De vez en cuando, un cliente te alegra el día. Ayer vino una pareja de amigas de **Santander**. Una de ellas bajó emocionada de las plantas superiores, me felicitó por la librería y me dijo, literalmente, **"qué afortunado eres de poder trabajar en un sitio así"**. Casi se me saltan las lágrimas, y quienes me conocen saben que no exagero: soy de lágrima demasiado fácil. Ella y su amiga se llevaron dos libros cada una, y se despidieron diciéndome **"No podemos permitirnos el lujo de que librerías como la tuya cierren"**. Yo retocaría la frase hasta dejarla en **"No podemos permitirnos el lujo de que cierre una sola librería"**. Así que la única solución que se me ocurre, así, sin pensarlo demasiado, es recordar mi despedida semanal en "El rincón de los libros" (todos los lunes, en Onda Cero Toledo, a partir de las 13,05 horas, ahí queda la cuña): **"Los libros, siempre en las librerías"**.

La capa de Babel

y otros cuentos bastante verdaderos

POR MARTHA ALONSO
ILUSTRACIÓN DE LUISA PAZ

Verano 1992. Casi como en esa maravillosa película de Carla Simón. Y resalto el adverbio de aproximación porque, a fin de cuentas, justo de eso me propongo hablar en las páginas que siguen. De aproximación. O, lo que es lo mismo, traducción.

En efecto, la traducción es el arte -¿o era la artesanía? ¿Tal vez ambas?- de arrimar, acercar, rozar, tratar de unir esas islas a la deriva que somos los animales humanos para nunca olvidar del todo que

también somos archipiélagos. E incluso, con un pellizco de buenaventura sumado a incalculables fatigas, algunas veces casi llegar a conseguirlo.

Hoy he venido a hablaros de ese casi. Entendedme: de lo que ese casi reviste para mí. Compartiré algunos destellos de sus raíces, tiempos, modos y encrucijadas. Aviso a navegantes: lo haré, por supuesto, yéndome sin descanso por los cerros de Úbeda. ¿Por qué? Pues porque resulta que los cerros de Úbeda no existen fuera del idioma que a mí me dieron de mamar. Son, por lo tanto, el tipo de maravillas que nos apasiona a las traductoras. Tenemos incluso un tecnicismo para referirnos a estas joyas: culturemas, las llamamos. La definición cabe en esas cuatro letras que venimos invocando desde el inicio. C-a-s-i. Pero, ¿quién querría decirlo en tan solo una palabra cuando se pueden apilar muchas más? Desde luego, yo no. Un economista, tal vez. Pero yo no. Elevar agujas góticas con palabras es otra de las pasiones de las traductoras. Cuanto más altas, mejor. Tal vez por esa razón abundan en el universo académico las explicaciones tan afiladas como dispendiosas que aspiran a destripar el resorte mágico de nuestro juguete preferido. A la teórica Christiane Nord, por ejemplo, le debemos una de las que probablemente más se hayan citado desde los años 90:

[Un culturema es] *un fenómeno social de una cultura X que es entendido como relevante por los miembros de esa cultura, y que comparado con un fenómeno correspondiente de una cultura Y, resulta ser percibido como específico de la cultura X* (NORD, 1997: 34).

Los culturemas, en suma, llevan desde la noche de los tiempos complicándonos felizmente la existencia a quienes no sabemos respirar sin hacer malabares con palabras. Desde la noche de los tiempos, desde los tiempos de Maricastaña o, como se dice en criollo de Guadalupe y sé bien que escribiría Maryse Condé (Pointe-à-Pitre, Guadalupe, 1937), desde que el diablo era un niñito con pantalones cortos. No hay casi nada en esta vida, en fin, que a las traductoras nos haga más cosquillas en el corazón que un buen culturema. La que avisa, amigas, puede ser tan traidora como la que no.

*

Verano 1992, decía. Y lo digo otra vez, consciente de que conviene empezar esta historia por una postal que haga oficio de principio. La que escojo mostraros es de la Costa Brava, seguramente a mediados de julio. No es una playa abierta, clara y fina de anuncio de ron añejo o agencia de viajes del siglo pasado, sino una modesta ensenada de guijarros oscuros. Dentro del agua acarician las blandas plantas infantiles y las raspan como lijas del siete bajo el sol. A las niñas nos gustan. Nunca antes habíamos estado en una playa sin arena y nos gusta. Nos encanta. Las niñas andamos completamente asilvestradas -así lo aseguran a gritos nuestras madres, que leen catedrales de Ken Follet y blanden sándwiches de paté junto a la sombrilla cada vez más lejana- y nos negamos a calzarnos las cangrejeras. Nos gusta sentir en las blandas plantas la metamorfosis de los guijarros. Nos encanta.

Como también nos encanta la niña traslúcida que, en vez de bañador, hoy ha decidido bajar a la playa enfundada en un bodi morado de ballet. Me parece increíble que nadie en su familia se lo haya impedido. La envidio. No lo he intentado, pero sé perfectamente que, si algún día yo me empeñara en meterme al mar con mi bodi de ballet en lugar del reglamentario bañador con lunares, mamá me lo impediría. A la madre de la niña en cuestión, en cambio, no parece importarle lo más mínimo. Pero es que se ve a la legua que tanto la mujer como su hija, además de traslúcidas, son extranjeras. Claro, así cualquiera, me digo mentalmente, atrapando con el índice las últimas miguitas de sándwich sobre la toalla promocional.

Voy a pasarme el día entero mirando con arrobo a esa niña. Observo sobre todo las formas que dibujan sus labios al pronunciar las misteriosas palabras del idioma que utiliza para pedirle a su madre aceitunas, tragos de agua fresca, canciones, patatas fritas, besos.

Voy a pasarme el día entero pensando que ojalá, en vez de este cubo y esta pala de plástico, tuviera en mis manos las palabras necesarias para decirle a esta niña lo mucho que le brilla la trenza de espiga al sol de Portbou. Cuánto me gusta la gomita con pompón fucsia que apuntala en un extremo su reluciente estructura. Cómo me gustaría tener a alguien capaz de hacerme un peinado remotamente parecido al suyo. Que he intentado hacerme algo similar a mí misma en infinitas siestas frente al espejo. Lo terriblemente mal que me queda siempre: al final solo consigo un dolor muy grande de brazos y termino haciéndome la misma coleta ordinaria de siempre.

Pero me faltan las palabras. Así que me dedico a hacer tristes castillos de arena, cada vez un poquito más cerca de sus torres.

*

De ese mismo verano olímpico me regresa de repente otro instante fundacional.

El del kiosquero calvo a quien no conseguí comprarle un Frigopie porque, a pesar de haberme pasado varias siestas ensayando las frases mágicas, a la hora de la verdad el catalán se me hizo llanto en la garganta. Me largué corriendo avergonzada. Hubo risas a la hora de la cena cuando narré lo ocurrido. No se entendió mi desconsuelo. Nadie vio que mi objetivo esa tarde no era el azúcar del helado, sino el azúcar del idioma.

¿Cómo es posible que casi hubiera olvidado este episodio? Tal vez vengo atesorándolo en el mismo cajón de la memoria donde alguna vez metí las llaves de los diarios muy rosas y acharolados que nos regalaban a las niñas noventeras por nuestra primera comunión. O cuando se nos caía un diente. O por Navidad. O cada vez que cumplíamos un nuevo estirón. O porque habíamos sacado un Progresa Adecuadamente en Conocimiento del Medio, que a partir del tema cinco se convirtió en nuestro talón de Aquiles. Escribiendo estas

líneas, caigo en la cuenta de que a las niñas noventeras nos regalaban esos diarios con cierre de seguridad por cualquier motivo. ¿Qué cuento querían contarnos con ese gesto? ¿Qué retorcida moraleja debíamos aprender? El caso es que yo perdía voluntariosamente todas las llaves. Sabía bien en que cajón se amontonaban, tintineantes e inútiles. Pero decidía escribir aquellas páginas pautadas como si a las dichosas llavecitas se las hubiera zampado la tierra.

Escribiendo estas líneas, me doy asimismo cuenta de que vengo viviendo mi vida traductora sin prestar atención a ese cajón donde, junto a las dichosas llavecitas, en algún momento supongo que dejé pausada las postales de la niña extranjera con su bodi morado de ballet y del kiosquero calvo. Durante mucho tiempo pensé que mi llegada a la traducción fue una suerte de carambola del destino. Pura serendipia. En realidad, llevo desde el kilómetro cero soñando con ser capaz de querer en todos los idiomas del mundo.

*

Aquí traigo más pruebas:

1) la sección de los diccionarios de lenguas extranjeras era mi preferida en la biblioteca pública del barrio.

2) me entusiasmaban las series de dibujos animados donde los osos merendaban emparedados de mantequilla de cacahuete.

3) lo mejor de ir a casa de la familia berciana era poder sintonizar la televisión gallega y que abuela me acariciara con palabros como cereixal, monina, galochas, colo, encetar, esparavanes.

4) en una ocasión me creí que amaba a alguien solo porque ese alguien me tradujo bajito un par de cantos de la Odisea (¿servirá como atenuante añadir que lo hizo sin diccionario?).

*

En lo sucesivo he ido desarrollando, sin ser muy consciente, el superpoder de enamorarme verdaderamente y con extraordinaria facilidad de personas que sueñan en idiomas que nunca son el mío. Sin embargo, me parece que lo que yo siempre he deseado es el superpoder de ser capaz de entender todos los idiomas del mundo. Mejor: todos los idiomas de todos los mundos posibles.

*

Nada de volar por los aires. Ni volverme invisible. Ni desarrollar la superfuerza de cien mil Hulks. Ni adivinar el futuro. Ni poder viajar al siglo XII para trovar en la corte de Leonor de Aquitania. Ni ser capaz de correr a la velocidad de la luz o teletransportarme, si acaso ambas ideas no fueran la misma (ya he dicho que el Conocimiento del Medio nunca fue lo mío). Ni la inmortalidad o, en su defecto, el poder de regresar de entre las muertas si la mortalidad llegara a aburrirme del otro lado.

No.

Nada de eso.

Lo que yo siempre he deseado por encima de cualquier otro milagro es llegar a poseer la capa de Babel.

*

Una capa kilométrica, hecha de pedazos de telas de todas las texturas. Digo «capa», aunque lo cierto es que la veo más bien como una manta. Como una de esas colchas de estilo *patchwork* que salvan retales de todos los matices. Me envuelvo completamente en ella, de la cabeza a los pies, igual que Harry Potter cuando recibe la capa de invisibilidad como regalo de Navidad; y al instante sé que conozco al dedillo los recodos de cada lengua del mundo. Sé que entiendo y hablo con fluidez de lluvia todas las lenguas vivas sin importar su raíz -sí, también las endiabladas lenguas de raíz iliria-. También toda lenguas ya muertas, esas que aún esperan ser descubiertas y las inventadas por lingüistas enamorados de la utopía. En mi sueño, llevo puesta mi capa de Babel y soy capaz de comprender incluso colores de retales que no existen en el arcoíris.

*

En clase de lingüística, durante mis años en la universidad, ya me habían mencionado eso de que los esquimales tienen en inuit más de cuarenta palabras para nombrar la nieve y que en China existen otras tantas para hablar de arroz. No hice ningún caso. Especialmente lo primero me pareció un cuento. Estudié en Madrid, donde cada vez nieva en ocasiones más contadas y, por tanto, vamos que chutamos con una sola entrada en el diccionario. Además, hay ciertos cuentos -chinos, inuits, criollos...- que no empezamos a creernos con todas sus consecuencias hasta que la vida nos obliga a pasárnoslos por el cuerpo.

Yo fui mágica y súbitamente consciente de esta verdad como un templo cuando una niñita de seis años me tiró de la falda, me tocó repetidas veces una pierna y me preguntó, atónita y ansiosa, de qué color era ella. Se llamaba Céline, iba a la escuelita de Trois-Rivières (isla de Guadalupe) donde enseñé español como voluntaria algunos unos meses en 2011 y considero que su retrato debería ilustrar a cualquier definición que se precie de la noción de culturema. Esa semana me había propuesto enseñarles los colores a aquellas ruidosas criaturas. Ignoraba que ellas terminarían enseñándomelos a mí.

Céline no era blanca. Tampoco negra, ni mulata o mestiza. Céline, como enseguida me explicó solícita la clase, era *chabine*. El criollismo se emplea en aquellas latitudes para nombrar a las personas negras que, por volteretas de la genética, nacen con tonalidades de piel más claras que las de sus progenitores; y sirve para diferenciarlas de quienes tienen sangre mezclada. No supe bien qué responderle a Céline. ¿Cómo decirle a alguien que su cuerpo no existe en tu idioma?

Poco después, volví a encontrarme con este color nuevo para mis ojos en *Le Coeur à rire et à pleurer. Contes vrais de mon enfance.* Fue el primer libro de Maryse Condé que, de casualidad, cayó en mis manos. Y ya nunca se me cayó de las manos.

*

Mientras lo leía, anotaba compulsivamente todas las palabras y expresiones -de manera muy especial, empecé así a atesorar proverbios y refranes tanto criollos como africanos- que hablaban de realidades que yo no tenía ni la menor idea de cómo decir en mi lengua materna. Pensaba en la cara que me pondría Céline si le dijera que todo aquello tampoco existía fuera de su isla. Al mismo tiempo, me negaba a ver esa cara. Me repetía que alguna manera habría. Sería cuestión de pensar, indagar, excavar. Aquellas prendas, frutas, plantas, criaturas fantásticas y músicas merecían ser en cualquier punto del mapa. Si era preciso, me pasaría años ensayando caminos para lograr compartir toda su ajena belleza. O *casi* toda.

*

Sintiendo que no podía hacer otra cosa, empecé a traducir entonces *Le Coeur à rire...* Maryse Condé publicó el original en 1999 con una dedicatoria a su madre. Creo que yo, mientras lo traducía, no pensaba que mi versión en español llegaría a publicarse. Prometo que esto no es falsa modestia. En cambio, sí que pensaba -constantemente- en que mi madre tenía que leer aquel libro. Podría decirse incluso que traduje cada palabra para que así mi madre, que no sabe francés, pudiera hacerlo.

Un buen día, consideré ingenuamente que mi labor había terminado -por entonces aún no sabía que ningún texto traducido está jamás terminado-, imprimí el archivo y se lo regalé. Después también se le regalaría a un par de amigas, a mi hermana, a algún amor.

Siete años después, resultó que aquel regalo se publicó. Siguieron otros.

Hoy intento con todo el corazón seguir traduciendo de ese modo.

Traducir porque algunas islas son demasiado hermosas como para quedármelas yo sola.

Traducir como quien envuelve un regalo.

Traducir para compartir.

*

Llegadas a este punto, supongo que procede insertar también el cuento verdadero de por qué la lectura de ese primer texto condeano me hizo desear compartirlo hasta el punto de sentir que debía lanzarme a su traducción. No me quedaba más remedio. Mi corazón estaba obligado a ello.

Pido disculpas de antemano, porque ya me voy conociendo y sé que para contar esto seguramente me pondré algo académica.

Debo remontarme al verano de 2011: a mediados de agosto, llegué al archipiélago antillano de Guadalupe para enseñar literatura española en el instituto internacional *Les Roches Gravées* de la localidad de Trois-Rivières. Esta se encuentra cerca de la ciudad de Basse-Terre, esto es, en la región más rural y menos turística del archipiélago guadalupeño; cerca además del volcán en activo de La Soufrière. Reconozco que tampoco sabía muy bien, en ese momento, dónde estaba aterrizando. Las Antillas constituían para mí un escueto cliché entre paréntesis: un anuncio exótico, en el mejor de los casos.

Ignoraba que esta región del planeta supone un interrogante cartográfico que contiene a su vez numerosas encrucijadas identitarias: en un plano simbólico, las islas antillanas nunca dejan de recordarnos que "el norte", como leemos en la novela *En attendant la montée des eaux*, "no es el sur" (Condé, 2010: 84[1]); y que todos los sures, independientemente de la rosa de los vientos, se perfilan siempre en el reverso de los mapas canónicos.

Por añadidura, a pesar de mis estudios de Filología Francesa en la Universidad Complutense de Madrid, he de confesar

---

[1]   Todas las trads. que aquí se ofrecen son propias, claro.

que mi conocimiento de las literaturas antillanas francófonas por entonces se reducía prácticamente a tres nombres. Tres nombres masculinos, por supuesto: el del novelista martiniqués Patrick Chamoiseau, el de su compatriota poeta Aimé Césaire (padre de intelectual del movimiento cultural de la "Negritud"); y el del guadalupeño Saint-John Perse, igualmente poeta, galardonado con el Premio Nobel de Literatura en 1960.

A lo largo de mis cinco años de formación filológica, lamento decir que nadie me contó que en el rosario de islas que conforman el Caribe francófono (del que tampoco, como decía arriba, nadie me señaló gran cosa, más allá de una mera nota a pie de página) existían mujeres libres y en pie de guerra que escribían. Ni que lo hacían, además, sin máscaras blancas.

*

Comencé enseguida a explorar las librerías y bibliotecas guadalupeñas en busca de autoras locales. Siempre he necesitado leer para entender lo que vivo. Soy de esas personas que necesitan bibliografía para procesarse: libros de todos los géneros sobre la muerte cuando he perdido a alguien, sobre el desamor cuando he tenido el corazón roto, sobre la maternidad desde que existo divida en dos...

En ese momento, necesitaba con urgencia voces que me ayudaran a metabolizar el profundo choque cultural que experimenté al instalarme en aquellas islas como mujer europea, joven, sola y blanca. O, mejor dicho, verde. Muy verde todavía, en todo.

Con mis veintipocos años, en Guadalupe me encontré por vez primera confrontada a la realidad de un contexto social que en la práctica distaba mucho de la hipotética igualdad entre géneros a la que estaba acostumbrada. En tanto que española y europea nacida en democracia, habiendo tenido un acceso relativamente

fácil a la educación y habiendo sido criada en un ambiente de clase media con inclinaciones más bien progresistas, en mi juventud daba por hecho esa igualdad sin fisuras. Mis padres, mis profesores y cada engranaje del sistema habían hecho bien su trabajo. Como otras niñas de mi generación, crecí fuerte y segura, sin dudar por un segundo de mi libertad, de mi igualdad respecto al otro ni de mi validez como individuo.

Desconocía por completo, que, tal y como señala en estudios recientes la ONU, Mesoamérica y el Caribe ostentan el triste honor de ser una de las regiones del planeta más violentas e inseguras para las mujeres:

En toda la región, incluido el Caribe, 12 mujeres son asesinadas al día por razón de género (...). En 2021, al menos 4473 mujeres fueron víctimas asesinadas en América Latina y el Caribe por razones de género, según los últimos datos oficiales informados por los países al Observatorio de Igualdad de Género de América Latina y el Caribe (OIG) de la Comisión Económica para América Latina y el Caribe (CEPAL)[2].

La mujer verde que yo era entonces, por suerte y por desgracia al mismo tiempo, no sabía apenas nada de colonialismo. Mucho menos de colonialidad. No había vivido jamás un huracán o una erupción volcánica e ignoraba por completo que en el Caribe "al menos 12 mujeres son asesinadas al día por razón de género". La vida cotidiana en aquellas latitudes pronto se encargó de ponerme al corriente. Fueron así tomando cuerpo una serie de preguntas que, a cada cual de manera más acuciante, me invitaron a repensar y poner en cuestión lo aprendido sobre el relato historiográfico europeísta, además de sobre las dinámicas existentes entre los animales humanos, los animales no humanos y la naturaleza; y,

2   Honduras, República Dominicana, El Salvador, Bolivia y Brasil, los países más inseguros de América Latina para las mujeres | Noticias ONU (un.org) [última consulta el 3 de septiembre de 2024].

por supuesto, sobre lo que implica nacer/nacerse mujer, especialmente en ciertos contextos.

Necesitaba, en fin, voces de hermanas a las que aferrarme.

Busqué, busqué y seguí buscando.

Y me sorprendió sobremanera no hallar en los anaqueles apenas voces de mujer.

*

El de Maryse Condé fue uno de los escasos nombres de mujeres locales que los libreros y los bibliotecarios desempolvaron cuando les preguntaba al respecto. Tirando del enterrado hilo violeta, poco a poco iría descubriendo a Simone Schwarz-Bart, a Gisèle Pineau, a Michèle Maillet o a Françoise Ega, entre otras.

No obstante, fue en la literatura condeana donde hallé algo parecido a un centro: una isla que ejerce, por así decirlo, de corazón de todos esos archipiélagos en femenino injustamente sumergidos. Encontré en su voz y en su universo un punto de apoyo que me ayudó a reaccionar al desencanto, a sobrellevar los envites de un medio hostil, a no saberme sola y a convertir, en fin, la rabia en punta de lanza.

*

Así las cosas, el Caribe supuso el despertar en mí de la conciencia ecológica y feminista. Durante años he lamentado que este compromiso me naciera, por así decirlo, relativamente tarde. Pero quizás, como bien explica Roxane Gay en su célebre ensayo-manifiesto autobiográfico *Mala feminista* (2014), todas lleguemos tarde a lo importante: quizás lo que verdaderamente te importe sea, en fin, llegar bien. Llegar para quedarse. Pero esa es otra historia y además ya la escribí hace tiempo en otro idioma -el poético-, así que mejor vuelvo a lo que ahora estaba intentando contar.

*

Yo estaba intentando contar cómo llegué al universo de Maryse Condé y cómo su descubrimiento me arrojó de manera natural -nunca mejor dicho- a la práctica de la traducción -aunque su ensoñación, como he intentado compartir más arriba, llevara rondándome desde siempre-. También estaba intentando contar por qué me quedé definitivamente a vivir en ese universo. Y supongo que procede contar además -al menos un poco- cómo transcurre mi existencia en él, es decir, cómo enfoco esa labor de traducción.

A este respecto, conviene tal vez recordar la particular situación de bilingüismo con diglosia que se da en Guadalupe como consecuencia de las imposiciones del pasado colonial. Me refiero a la cohabitación del *créole* y del francés en el seno de la comunidad de hablantes, existiendo una evidente separación funcional de ambas lenguas. Cada una de ellas se emplea en dominios de vida bien concretos y gozan, por consiguiente, de estatus oficiales diferentes. Esta realidad conlleva, lógicamente, un prestigio social también distinto.

El *créole*, resumiendo en exceso, conecta con los contextos informales, emotivos, familiares o folklóricos; y se encuentra tradicionalmente ligado a situaciones con predominio de la oralidad, si bien es cierto que desde mediados del siglo pasado viene dándose un potente florecer de las literaturas creolófonas. Entraría en la categoría que los lingüistas estudiosos de estos fenómenos denominan "variante baja".

El francés, por su parte, pervive desde la administración colonial como lengua privilegiada de cultura, formalidades, distancias, técnica, especialización y, en suma, poder. Entraría en la categoría de "variante alta".

La escritura condeana da buena cuenta de esta realidad diglósica, iluminando las fallas existentes entre la lengua del poder metropolitano y la lengua *créole* de quienes, lejos de ejercer el poder, tienes más opciones de padecerlo. Dicho de otro modo, el *créole* se inscribiría más bien en la esfera de la resistencia, los contrapoderes y la cruzada descolonizadora.

Ambos universos lingüísticos conviven imbricados y guerrillean poéticamente en el habla de los personajes de Maryse Condé. Pienso que esto debe interpretarse como un claro síntoma de la firmeza del compromiso condeano con la causa descolonizadora y anticapitalista, especialmente si tenemos en cuenta que la lengua materna de Condé es el francés. Y no cualquier francés, sino el más francés de los franceses, si se me permite la expresión. Como se leerá en el libro que acabo de terminar de traducir y se publicará en enero de 2025, los padres de Maryse Condé criaron a sus ocho retoños (Maryse fue la última: benjamina mimada de una tribu numerosa) en la aculturación y en el afrancesamiento sin fallas.

*

Los textos de Maryse Condé son, por tanto, voluntariosamente híbridos y políticos. Lanzan una serie de desafíos inherentes a toda "lengua mestiza" y a toda "interlengua" (Glissant, 1981: 51) que me atraparon desde el primer contacto. A mi modo de ver, ocultarles esos desafíos en mis traducciones a los lectores hispanohablante sería traicionar la crítica riqueza de esa realidad, ya de por sí marginalizada en el imaginario francés hexagonal -eminentemente masculino, eurocéntrico y blanco-. Supondría además perder trágicamente el sabor y el *tempo* característicos del híbrido idioma Condé. Mis versiones, por lo tanto, incluyen breves notas aclarativas a pie de página e incorporan en cursiva todos los criollismos y africanismos originales. En cada una de esas cursivas y esas notas al pie, de alguna manera veo la sonrisa de Céline en aquella escuelita de Trois-Rivières.

Dicho de otro modo, los textos condeanos obligan a plantearse sin descanso el "... debate de la domesticación o la extranjerización" (Venuti, 1995). Exigen enfrentar con intuición, con grandes dosis de creatividad y con la conciencia política siempre alerta numerosas encrucijadas lingüísticas que reenvían a constantes "...lagunas de tipo ontológico" (Rabadán, 1999: 111).

Ah, el maravilloso cuento -chino, inuit, criollo...- de los culturemas.

Leer a Maryse Condé es vivir en feliz bucle dentro de la definición ya clásica de Nord: descubrir bailando en cada página *un fenómeno social de una cultura X que es entendido como relevante por los miembros de esa cultura, y que comparado con un fenómeno correspondiente de una cultura Y, resulta ser percibido como específico de la cultura X.*

¿Y qué más puede pedir una criatura noventera que siempre se negó a escribir con candados, cuyo rincón favorito de la biblioteca pública era el de los diccionarios de lenguas ignotas y que a estas alturas aún sigue creyendo que quizá esta Navidad por fin le traigan la capa de Babel?

Referencias bibliográficas

Campos, Haroldo de. Metalinguagem e outras metas: Ensayos de teoria e crítica literaria, Sao Paolo, Perspectiva, 1992.

Condé, Maryse. Le Coeur à rire et à pleurer. Contes vrais de mon enfance. París, Robert Laffont, 1999.

Condé, Maryse. En attendant la montée des eaux. París, Lattès, 2010.

Condé, Maryse. Corazón que ríe, corazón que llora. Trad. de Martha Asunción Alonso.

Madrid, Impedimenta, 2019.

Gay, Roxane. Bad feminist, Corsair, 2014.

Glissant, Édouard. Le discours antillais, París, Seuil, 1981.

Nord, Christiane. Translation as a Purposeful Activity, Manchester, St. Jerome, 1997.

Rabadán, Rosa. Equivalencia y traducción. Problemática de la equivalencia translémica inglés-español, León, Universidad de León, 1991.

Venuti, Lawrence. The Translator's Invisibility, Londres & Nueva York, Routledge, 1995.

Centenario de "Toledo la despojada", volver a Urabayen

POR **ENRIQUE S. LUBIÁN**
FOTOGRAFÍA DE "TOLEDO OLVIDADO"

Cuando "La Diamantista" vio el abandono en que estaba su casa, el mundo se le vino encima. Cerrada a cal y canto, tampoco le alivió del sofoco la escuálida lámina de agua parduzca que corría bajo su terraza, privilegiada atalaya sobre el Tajo, frente el rocoso Cerro del Bu, donde tantas horas había pasado jugando al tresillo con aquellas cuatro "larvas" que tanto la pretendieron mientras su marido recorría la provincia buscando tesoros que ofrecer al mejor postor. ¿"Larvas"?, sí: don Modesto Pulgar, el alcalde y letrado; Catón San Martín, chamarilero; Fortunato Campos, erudito clérigo; y Bermudo Gálvez y Ordóñez, prestamista.

Cual ninfa garcilasiana -eso sí, más añosa y ajada que ellas-, "La Diamantista" emergió del río poco antes del arroyo de la Degollada. Como ocurría en los últimos estiajes, el cauce había bajado tanto que pudo caminar por la orilla hasta mirar de frente aquella mansión donde tantos tesoros acumulara en su matrimonio con el orfebre Hermann Clauss. Nada quedaba del delicioso cenador rodeado de evónimos y rosales. ¿Y su mecedora? Dónde estaba ese cómodo balancín desde el que veía morir las azules olas del río y esconderse las nubes tras las desmochadas almenas de San Servando. ¿Qué había sido de aquel jardín a lo Semíramis que con tanto primor cuidara? Se echó mano al cuello y tocó el llamativo collar de bisutería que antaño fuera de diamantes, célebres hasta en Madrid, y que tan ingenuamente perdió por los embelecos del ambicioso Catón. No pudo contener las lágrimas y repitió susurrante aquella sentencia que años atrás dijera a su apegado Campos ante una jícara de chocolate: "... ¡arruinada, vieja, triste y solitaria!".

*****

De la mano de Félix Urabayen, doña Luz Medina de Layos, "La Diamantista", entró en el universo literario toledano en 1924.

Se cumple ahora el centenario de la primera edición de Toledo la despojada, segunda entrega de la trilogía que el escritor navarro dedicó a nuestra ciudad, completándose con Toledo: piedad (1920) y Don Amor volvió a Toledo (1936). Ella, doña Luz, forma parte de esa pléyade de singulares protagonistas femeninas que la historiadora Rosa María Ballesteros calificó como "hijas de Galiana" en su ensayo Un viaje literario con Toledo al fondo, publicado en 2010.

Toledo la despojada fue saludada en su época como la consolidación literaria de Urabayen, quien desde 1911 residía en nuestra ciudad ejerciendo cátedra de Literatura en la Escuela Normal de Magisterio. Aquí contrajo matrimonio con Mercedes Priede, hija del propietario del afamado Hotel Castilla, establecimiento de lujo, en cuyas estancias recalaron personajes tan singulares como Rainer María Rilke.

Urabayen encontró en Toledo una pequeña ciudad, que apenas había superado el trauma que el traslado de la capitalidad, en el siglo XVI, le produjo. El importante peso social de la Iglesia y del estamento militar marcaba el devenir diario, careciéndose de una clase burguesa moderna y con espíritu emprendedor, no vislumbrándose caminos que la hiciesen progresar. Su cotidianeidad se veía alterada con la cada vez más numerosa presencia de turistas que acudían aquí siguiendo la estela de los viajeros románticos, buscando vestigios artísticos del pasado y la enigmática pintura del Greco, quien en aquellos años estaba en pleno proceso de redescubrimiento por determinados grupos intelectuales y artísticos.

La ciudad era, también, una gigantesca almoneda donde cualquiera bien provisto de fondos económicos podía llevarse desde un retablo del cretense a cualquier artesonado o yesería mudéjar. A golpe de talonario, personajes como el magnate de la prensa William Randolph Hearst, el matrimonio Havemeyer o Archer M, Huntington, fundador de la Hispanic Society of América, recorrían España viendo qué po-

"La ciudad era, también, una gigantesca almoneda donde cualquiera bien provisto de fondos económicos podía llevarse desde un retablo del cretense a cualquier artesonado o yesería mudéjar."

dían "comprar" para sus hollywoodienses mansiones. Del paso de esos depredadores por Toledo dio fe Carmen de Burgos, "Colombine", en su obra Los Anticuarios (1919).

Desde un punto de vista literario, el último tercio del siglo XIX y el primero del XX fueron muy interesantes para la ciudad. Frecuentada por Galdós, la antigua capital visigoda se había convertido en uno de los escenarios predilectos para sus obras: Las generaciones artísticas en la ciudad de Toledo (1870), El Audaz. Historia de un radical de antaño (1871), Los Apostólicos (1879), Ángel Guerra (1890-91) o las extensas referencias en Memorias de un desmemoriado (1916). Pero no solo don Benito dio lustre narrativo a aquel Toledo.

Emilia Pardo Bazán deleitó a sus lectores con un extensa crónica, Días toledanos, publicada en la revista Nuevo Diario Crítico en 1891. Fruto de sus visitas a la ciudad, Pío Baroja y Azorín alumbraron Camino de perfección y La voluntad en 1902. Al año siguiente, Blasco Ibáñez comenzó con La Catedral su ciclo de novelas sociales. A la creatividad de Mauricio López-Roberts debemos otra destacada "hija de Galiana": Doña Martirio (1907). Además de Los Anticuarios, Carmen de Burgos nos legó ¡Triunfante! (1908) y El honor de la familia (1914). Trascendental fue, en 1908, la publicación de El Greco de Manuel Bartolomé Cossío, ensayo que ponía piedra angular en el reconocimiento de este pintor, hito consolidado poco después con El Greco o el secreto de Toledo de Maurice Barrés. Y de las andanzas de Buñuel, Dalí, María Teresa León y Rafael Alberti con su Orden de Toledo dio cumplida cuenta este último en La arboleda perdida, tiempo después.

Utilizando la historia de Toledo, sus tradiciones, sus valores artísticos y el agradecido recurso de sus descripciones callejeras, la mayoría de estos autores reflejaron a la perfección, además, la alicaída sociedad toledana de entonces, con sus frustraciones, contradicciones, apariencias, dobles morales y desengaños. Urabayen recogió de ellos el testigo y sus obras son esenciales para un mejor conocimiento sociológico de aquel Toledo, reflejando como nadie su esencia. "Siendo una ciudad tan vieja y de paredes tan ruinosas –escribió en Toledo: piedad– no es de extrañar que las almas, en tertulias, casinos o visitas, se dediquen a roer al prójimo. Los caserones destartalados son siempre nido de ratones". Y en Don Amor lamentaría que Toledo destilaba ese enervante aroma característico de las ciudades vetustas "que obra como beleño sobre las voluntades, adormeciendo el espíritu y anquilosando el cuerpo". Sabido es que quienes sufren alucinaciones por efecto de dicha hierba, créense cosas que no son, tal como la hechicera Circe hizo a los compañeros de Ulises, "transformándolos" en cerdos.

Desde sus primeros escritos toledanos, Urabayen planteó la idea de asociar la ciudad con una mujer, poseedora de un rico y espléndido pasado, que lleva siglos esperando a ser enamorada y recuperar el fulgor perdido. "Toledo –decía en un artículo publicado en 1913 en El Liberal de Madrid- duerme aquí: almas y cosas. Duermen los grandes monumentos, ya envejecidos y cansados; duermen los callejones silenciosos, inaccesibles; duermen todos los templos, casi siempre cerrados; duermen los mismos patios, luminosos y alegres como los baños moros; duerme la misma tierra bajo un manto parduzco y andrajoso... ¡La que nació para matriz de España es hoy urna y sarcófago! ¡La que debió seguir siendo sementera de bizarros triunfadores, es hoy osario de antigüedades! [...] ¡Nadie te arrulla hoy, Medina Tolaitola! Para los sabios que te

analizan con sus ojos de invierno estás muerta. Para los historiadores, estás ciega y sorda. ¡Todos te ven vieja; nadie te ve novia!... Sólo algún remero de la galera del Ensueño tiene fe en tu porvenir. Sólo los Tántalos sedientos de patria te creen con vida. Su plegaria es noble. Creen que algún día abrirás tus ojos, limpiarás de gusanos tu manto de reina, aplastarás con el peso de tu andar de Flérida a todos tus carceleros y volverás a hilar nuevos tesoros, nuevas preseas, nuevos relicarios de piedra. Ya has dormido bastante. Despierta pronto, Emperatriz".

Y ese lamento fue recurrente en sus obras.

En Toledo la despojada, la novela de la que celebramos su centenario, ese trasunto está representado por doña Luz, mujer que aunque a primera vista no parecía bella, si "diríase que todas las razas que durante muchos siglos desfilaron por Toledo habían dejado huella en los rasgos de su rostro, tan perfectos y contradictorios

a pesar de todo, que era preciso mirarla muchas veces para apreciar su extraña hermosura". Destacaban en ella, unos ojos completamente moros, una fina nariz semítica y un rostro de corte ojival de palidez mística, como "solo se ve en las vírgenes del Señor, eternamente recluidas y atormentadas por religiosos anhelos".

Los cuarteles generales de doña Luz eran un bello cigarral y la llamativa casa a orillas del Tajo que su marido había acondicionado como taller para elaborar sus preciadas joyas y que aún hoy es conocida como la Casa del Diamantista. En esa mansión, según tradición popular, el orfebre donostiarra José Navarro labró una corona para la reina Isabel II.

En ambos, doña Luz recibía a sus admiradores, esas cuatro "larvas" que la cortejaban por motivos distintos, los cuales, una vez viuda, terminaron por arruinarla, arrebatándole sus alhajas y riquezas. Solamente el clérigo Campos, a quien la jerarquía eclesiástica había ido poco a poco domesticando en sus repetidas veleidades heterodoxas y excentridades literarias, le acompañó en su declinar, convirtiéndose en albacea de las tristes palabras con que ella cierra la novela: "¡Toledo duerme tranquila a la sombra de la catedral! ¡Pobre ciudad, relicario de muchos amores cuyos besos fueron para los mercaderes disfrazados de artistas! Mírela usted, capellán: arruinada, vieja, triste y solitaria. ¡Como el alma mía!...", sentencia que recuerda las letales descripciones que Galdós –"ciudad del recogimiento y la melancolía, cuyo aspecto abate y suspende el ánimo a la vez, como todas las ilustres tumbas, que por no ser suntuosas y magníficas dejan de encerrar un cadáver"- o Zorrilla hicieron antes:

Negra, ruinosa, sola y olvidada,
hundidos ya los pies en la arena,
allí yace Toledo abandonada,
azotada del tiento y del turbión.
Mal envuelta en el manto de sus reyes,
aún asoma su frente carcomida;
esclava, sin soldados y sin leyes,
duerme indolente al pie de su blasón.

En la prensa de toda España aparecieron referencias a la publicación de Toledo la despojada. Rafael Cansinos-Assens dedicó varios textos a novela, considerando que con ella, Urabayen engarzaba con la visión crítica sobre la ciudad expresada por algunos de los autores citados, indicando que ellos sentían la necesidad de renovar el alma de Toledo, "sacándola de la sagrada cripta de su teocrático pasado".

En las páginas de La Libertad, Cansinos decía que el escritor navarro había incluido la protesta contra el poder clerical "en la sinfonía de rebelión contra todo el complejo tradicionalista toledano", destacando como "originalidad suprema" haber introducido en la novelesca toledana "el tono bufo" y "la parodia de la tragedia antigua" a la hora de retratar a sus personajes, a quienes, bajo la denominación de "larvas", presentaba como "galantes parásitos" o "tipos mezquinos y grotescos". Como colofón a una de sus reseñas, decía que esta novela era "un Rubens o un Tiziano entre el coro asustado y triste de los grecos".

Tras la publicación de Toledo la despojada, Urabayen inició una intensa actividad como articulista en El Sol, periódico ilustrado y liberal. Un buen puñado de estos textos fue recogido luego en los llamados libros de estampas –Por los senderos del mundo creyente (1928), Serenata lírica a la vieja ciudad (1928) y Estampas del camino (1934)-, donde las constantes referencias a Toledo y a los toledanos les hacen complemento imprescindible de su trilogía, al igual que su libro Vidas difícilmente ejemplares (1931).

Doce años después, Urabayen cerró su serie con Don Amor volvió a Toledo, obra en la que volvía a confrontar el devenir de la ciudad, en este caso representada por la joven Leocadia Meneses, con el persistente pulso entre el regeneracionismo y el inmovilismo. "Todos sus moradores –decía en uno de sus pasajes- trajinan y se afanan con la indiferencia rutinaria de las hormigas, pero jamás osarán remozar al hormiguero". Afirmando rotundo, en otro párrafo, que Toledo prefiere morir a transformarse.

En la primera página de Don Amor encontramos una frase que aún hoy impacta leerla: "Se terminó esta obra el mismo día en que estalló en España la intentona fascista. El autor no ha querido tocar ni una línea del original, aun sabiendo que lo que fueron audacias ayer serán ingenuidades mañana". Como es sabido, en Toledo esa intentona estuvo encabezada por el coronel Moscardó, quien, en una de esas caprichosas piruetas del destino, era vecino de

Urabayen, conviviendo ambos, casi puerta con puerta, en la plaza de Santa Clara.

Desgraciadamente para Urabayen, el levantamiento militar fue mucho más que una ingenuidad. A la par que su labor profesional y literaria, él había mantenido una activa militancia en el campo republicano, siendo amigo de Azaña, a quien en 1932 dedicó su obra Tras de trotera, santera, en la que expresaba la esperanza con que fue saludado el cambio de régimen producido el 14 de abril del año anterior. Esa amistad llevó al escritor a formar parte de la candidatura del Frente Popular por Toledo en las elecciones generales de febrero de 1936, no siendo elegido.

Este compromiso político, junto a las "incorrecciones" convencionales con que había despachado a ciertos sectores de la sociedad toledana en sus obras, componían un llamativo mix que no pasó desapercibido a las nuevas autoridades franquistas, quienes le apresaron y encarcelaron al terminar la guerra civil.

Afectado por un cáncer, Urabayen fue liberado en noviembre de 1940. En prisión coincidió con Miguel Hernández y Buero Vallejo. En el proceso sumarísimo abierto contra él se le había acusado tanto de ser comunista, como de haber participado en el expolio de algunas joyas de la Catedral Primada. Nada de ello era cierto. En su contra se esgrimieron los "ataques" que en sus obras había a estamentos de la ciudad, como el Ejército o la Iglesia. ¡Qué desfachatez era esa de calificar como "intentona fascista" al Glorioso Alzamiento Nacional del 18 de julio!, debieron pensar aquellos inquisidores.

Lo que hoy nos parecen saludables críticas y llamamientos a despertar la conciencia colectiva, fueron vistas por los vencedores de la guerra como perversas desviaciones del pensamiento triunfante y del buen nombre de colectivos que entonces andaban ávidos de venganza. Bien lo resumió décadas después el escritor José Esteban, uno de sus estudiosos más prolijos, al asegurar que Urabayen fue experto en ganarse la enemistad de las fuerzas vivas de Toledo, a las que calificó como "hordas prehistóricas, integradas por concejales, diputados, mercaderes honestos, prestamistas abnegados y plañideras eruditas".

Recobrada la libertad, Urabayen no regresó a Toledo. Las propiedades de su familia política, el emblemático Hotel Castilla, fueron expropiadas. Como docente, además, estaba sujeto a proceso de depuración. Buscó el refugio y calor de su familia en Navarra, regresando luego a Madrid, donde murió el 8 de febrero de 1943. Su obra literaria toledana quedó postergada, no así los textos dedicados a su tierra navarra, que tenían un tono más costumbrista y menos incisivo.

En 1965, otro perdedor de la guerra a civil, el jurista toledano Javier Malagón, quien siendo adolescente había frecuentado trato y conversaciones con Urabayen, recordaba desde el exilio mexicano, como sus libros se recibían en Toledo entre la indignación de unos y las sonrisas de otros, añadiendo que algunas personas los escondían en armarios, bajo llave, para que permaneciesen fuera del alcance de los pequeños, evitando que conociesen esos textos críticos, agridulces, donde se "describían las lacras y úlceras que corroían" a la milenaria ciudad castellana.

Huelga decir que durante la larga noche franquista esos volúmenes continuaron arrumbados en el fondo de camaranchones y sótanos. Restos de sus ediciones solo podían ser rebuscados en librerías de lance o puestos de la Cuesta de Moyano. Hubieron de pasar muchos años –nada

más y nada menos que ¡setenta y ocho!-
para que en 2014 los editores Antonio Pareja y Francisco Carvajal (El Perro Malo)
volviesen a publicar Toledo la despojada
y Don Amor volvió a Toledo, coincidien-
do con un ciclo de conferencias sobre su
autor en la Biblioteca Regional.

En tanto se materializaron estas ree-
diciones, a principios de los años ochenta
su figura y su obra comenzaron a rein-
corporarse al discurso cultural y social
del Toledo contemporáneo. Fue durante
la primera corporación democrática
presidida por Juan Ignacio de Mesa, en
la que figuraba como concejal de Cultura
Luis Alfredo Béjar, quien como escritor
reunía todas las condiciones para recoger el testigo del autor navarro y aplicar
a la sociedad toledana de su tiempo el bis-
turí crítico que Urabayen empuñó hasta
julio del 36.

A propuesta de Béjar, el Ayuntamiento le dedicó la plaza de San Agustín,
donde estuvo el Hotel Castilla, "Durante
siglos –decía el texto de la propuesta ele-
vada al Pleno Municipal-, Toledo había
sido en el mejor de los casos, un rastro ar-
queológico, una página poética o un paisaje; un museo, en fin, de cosas muertas
aunque gloriosas. Urabayen, en cambio,
como amoroso cirujano, abre en canal la
historia de nuestra ciudad formulando,
por cierto, afirmaciones audaces que
más tarde confirmarían importantes historiadores. Pero también, y sin concesio-
nes a lo fácil o al enamoramiento estéril,
desmenuza un presente a veces crudo y a
veces esperanzado".

No sólo se le hizo tal reconocimiento.
Además se dio su nombre a un premio
municipal de Novela Corta -hoy extinto,
entre cuyos ganadores figura Roberto
Bolaño con La senda de los elefantes en
1993, obra que luego fue comercializada
como Monsieur Pain- y comenzó a ha-

Afectado por un cáncer, Urabayen fue liberado en noviembre de 1940.

blarse de la posibilidad de reeditar sus obras.

Hubo de esperarse décadas, como antes indicaba, para que ese empeño -intermitente como otras muchas iniciativas en esta ciudad- se hiciese realidad. Urabayen se convirtió así en un autor del que se hablaba y se escribía mucho, divulgándose bastantes estudios sobre su obra (destacan los realizados por Juan José Fernández Delgado, Hilario Barrero, Isabelo Herreros, Mariano Calvo, Jesús Fuentes o el ya citado Béjar), pero casi imposible de leer. Hoy, esa dificultad ya no existe, pero para muchos Urabayen sigue siendo un autor desconocido.

Comenzaba este texto recordado aquella pléyade de autores que a caballo de los siglos XIX y XX hicieron de Toledo un elemento literario, que en cierto modo bien podría asemejarse a un género propio. En las páginas literarias de La Libertad, el ya citado Cansinos-Assens dedicó en 1926 una serie de artículos a desgranar lo que él llamó "las novelas de Toledo". Con la muerte de Urabayen esa nómina se quebró. Cierto es que durante el franquismo la cosa no estaba para muchas florituras y los autores que escribían sobre nuestra ciudad estaban más por los juegos florales de ensalzar sus monumentos, la epopeya del Alcázar o recrear, una y otra vez, el inagotable pozo de leyendas y tradiciones que por sacar punta a sus gentes. Y aunque en las últimas décadas ha habido obras en las que Toledo es algo más que un simple decorado para la acción novelística, pienso que la ciudad, como ente literario, no ha recobrado el carácter simbólico que le dio Urabayen.

Aún a riesgo de olvidar títulos y autores [perdón de antemano a quienes en esa circunstancia se sientan tras leer estas líneas], próximas a esa manera de mirar Toledo hay algunas obras que merecen ser mencionadas en estas páginas.

En 1997 la periodista Enriqueta Antolín publicó La gata con alas, en la que nos retrotraía al Toledo de 1950, realizando una parodia del sobrevivir en aquellos años de postguerra, dando protagonismo a una familia militar residente en los bloques de la Avenida de la Reconquista.

Otro periodista, Baltasar Magro, relató el Toledo de los 60 en Siete calles hacia la vida (2018), rememorando los años dorados de Zocodover, gracias a la amistad entre un grupo de adolescentes y "El Califa", una especie de dandi gitano a quien recurrían los productores de cine que solían rodar en la ciudad, algo que el autor conocía bien por haberlo vivido en primera persona con sus amigos de entonces. Junto otras cualidades, "El Califa" podía presumir de haber rescatado a Claudia Cardinale de las aguas del Tajo.

Con carácter más irónico, Mariano Calvo recopiló parte de sus artículos en Engorro y neuralgia de Toledo (1992) –título que parodia el Elogio y nostalgia de Marañón- y Teoría de Toledo y otras teorías (2001) y Fernando Martínez Gil publicó en 2010 Historia verdadera de la esclarecida ciudad de Toledo, burla novelada sobre la identidad toledana, trufada de ilustres académicos que intentan desbrozar el "glorioso" pasado de la capital. Menos conocido que ambos autores, pero aportando también su grano de arena a esa mirada sobre los toledanos, de Gil Antonio Ballesteros Alcalá, ya fallecido, tenemos sus Historias nuevas del Casco Antiguo de Toledo (2010).

Como antes apuntaba, desde mi parecer personal, el autor toledano más capacitado para recoger el testigo de Urabayen en ese tratamiento literario de la ciudad fue Béjar, quien también nos dejó hace unos años. En su bibliografía destacan dos de las mejores novelas sobre Toledo escrita en los últimos tiempos: La razón de las piedras (2011) y El sueño del reptil.

Con el trasfondo de la guerra civil, en la primera de ellas Luis Alfredo afrontó una historia de amor y de desamor, donde la Escuela de Artes tiene un protagonismo muy especial, pues sus tres protagonistas son alumnos de la misma en los años treinta y la amistad forjada en sus aulas es una de las columnas vertebrales de su trama. En sus páginas, amén de elementos esenciales en la vida literaria y pública del autor, como su compromiso con la izquierda y el desencanto con la acción política, hay constantes reproches a una ciudad demasiado ensimismada en su pasado, sin reconocerse prisionera de sus propios fantasmas. Se nota que a Béjar, como a Urabayen, le dolía Toledo y así no debe extrañarnos esta rotunda frase que puso en boca de uno de sus personajes: "Con razón se dice que, al nacer toledano, el peso trágico de la historia cae sobre ti en forma de maldición".

Horas antes de fallecer, en julio de 2011, Béjar dio por concluido el manuscrito de El sueño del reptil, excelente novela que engarza con la mejor literatura toledana de Galdós, Blasco Ibáñez y Urabayen y que será publicada en días dentro de la colección "Los Libros del Rinoceronte" del editor Pareja.

Pero si la narrativa crítica sobre Toledo sestea desde hace tiempo, obligado es reconocer que desde otro punto de vista, el de la novela histórica, la ciudad vive un saludable presente. Mucho ha llovido desde que en 1954 Lion Feuchtwanger publicase La judía de Toledo recreando la pasión de Alfonso VIII de Castilla con la bella Raquel. Sin duda, ese título figura en los primeros eslabones de la extensa cadena de obras que, utilizando la ciu-

dad como mero escenario físico, recrean personajes o tramas del pasado, contribuyendo a una moda literaria que cuenta con muchísimos seguidores y que en los últimos meses tiene un destacado respaldo municipal. En cierto modo, esa forma de utilizar Toledo como marco para desarrollar historias de amor, venganzas, odios, anhelos, rivalidades o las más disparares pasiones, podría decirse que es una versión corregida y aumentada de las tradicionales leyendas toledanas, abundando en los clásicos mitos de la convivencia intercultural, nebulosos orígenes fundacionales, desavenencias grupales, cronicones épico imperiales o el romántico atractivo de la ciudad antigua y sus monumentos.

Adentrándonos en territorios más fantásticos, con El club Lovecraft (2008) Antonio Lázaro nos invitó a recorrer los laberintos de la ciudad en busca de un libro prohibido, el Necromicón, compuesto en el siglo VIII por el poeta árabe Abdul Alrazed, rastreo que desata las fuerzas del mal. Metidos en misterios policiacos, Santiago Sastre también le ha dado protagonismo en Mazapán amargo (2010), La última sombra del Greco (2013) o Carcamusas de muerte (2017), las dos primeras escritas junto a Joaquín García Garijo. El ladrón de almohadas (2024) de Pepa G. Lillo es uno de los últimos títulos publicados en ese marco, poniéndonos su autora en manos de un inteligente ladrón desde el Albaicín actual hasta los arrabales toledanos del siglo XVI, en un tránsito perturbador y bordeando el abismo.

Cuando en 2014 se reeditaron Toledo la despojada y Don Amor volvió a Toledo se abrió la oportunidad de acceder a la obra de Urabayen con mayor facilidad. Una década después cabe preguntarse si ese anhelo se ha hecho realidad o no. Si después de unos segundos de reflexión nos aprestamos a dar repuesta a ello, seguramente deberemos bajar la voz para expresar una pesarosa duda. El reto sigue ahí. Dado que en estos días los libros toman la plaza de Zocodover y con ellos se multiplican los propósitos para fomentar la lectura, no estaría mal que entre los mismos figurase, una vez más, que en propuestas como "Toledo lee", "Toledo educa", clubes de lectura, centros educativos o universidad de mayores se apostase por recuperar a nuestro autor.

Y por aquello de que "lo que abunda no daña", cierro estas líneas con otra valoración sobre la obra de Urabayen. Es del escritor Francisco Gómez Porro, quien en un artículo en la desaparecida revista Almud abordaba la disidencia del navarro: "Su obra –decía- representa el jugoso repertorio de una sensibilidad plural. Recoge el ideario de la izquierda republicana española y democrática, profundamente vinculada a las enseñanzas pedagógicas de la Institución Libre de Enseñanza y preocupada como los regeneracionistas por la evolución de su país. Un país que a lo mejor no le dolía como la cabeza o las muelas, que decía Unamuno de sí mismo, sino con el complejo del sembrador ante la tierra agotada".

*****

"...¡arruinada, vieja, triste y solitaria!".

- ¡Diamantista, chiss... Diamantista!

Doña Luz, giró su cara y vio venir hacia ella a un jacarandoso hombre que, limpiándose las manos sobre un ennegrecido mandilón de cuero, salía de un cobertizo a su espalda.

- ¿Le conozco a usted? No le recuerdo, ¿quién es?

-No, señora, somos personajes de tiempos distintos. Me llamo Antonio Balmaseda y esta es mi fragua. Durante años, he cruzado el río con ese pequeño bote desde el embarcadero que hay a los pies de la que antaño fue su mansión –dijo, extendiendo el brazo hacia la orilla-. Conozco perfectamente la historia de la misma y la que de usted contó Urabayen, habiéndoselas repetido a cuantas personas pasé de una orilla a otra.

- O sea, que si le pido que me cruce hasta mi casa, usted lo haría.

- Podría hacerlo, sí; pero quizás no deba.

- ¿Por qué?, buen hombre.

- Mire, doña Luz. Esas estancias llevan mucho tiempo abandonadas. Después de la guerra, usted ya había muerto cuando ello, sufrieron las consecuencias de una gran riada. Luego la casa fue expropiada, pasando a ser propiedad de un organismo oficial.

- Vaya, otra "larva" con levita más quedándose con lo mío, ¿no? –exclamó ella con llamativo aspaviento-.

- Sí. Aunque yo también he sido "argamasilla", académicos a quienes don Félix gustaba zaherir, no me libré de tener más de un encontronazo con algunos notables, que aún continúan esgrimiendo el nombre de Toledo como un blasón propio, pensando más en su beneficio particular que en el común del vecindario. Fíjese usted, que hasta uno de ellos, letrado y alcalde, igual que el hacendado Pulgar, me cesó como "barquero del Tajo".

- Pues vaya. Pero... siga, siga, contándome que pasó con mi casa.

- Un arquitecto muy famoso de Madrid, de esos que tuvo un caserón por la Bellota, lleno a antigüedades y obras de arte, la restauró y le dio el aspecto que está viendo.

- Mi marido también la reformaba sin parar una y otra vez, gastando en ello una fortuna.

- Hace unos años -continuó Balmaseda- en sus estancias cientos de jóvenes aprendieron los oficios artesanos más nobles. Parecía como si los duendes que se dice ayudaban al platero Navarro en sus labores hubiesen regresado, pero volvió a quedar abandonada, como si una maldición habitase entre sus muros.

- Entonces, ¿nadie vive allí ahora?

- Nadie. Está al albur de su triste destino, mal llevando los envites del tiempo, acogiendo palomas o la espera a que algún aprovechado la convierta en un resultón airbianbi.

- Un airbian... ¿qué?

- Nada, nada, cosas modernas de las codiciosas gentes que hoy siguen despojando Toledo a su antojo, sin encontrar quien les ponga las peras al cuarto y les retrate cual la depredadora gusanera que son.

¡Ay, si Urabayen se topase con ellas...!

Enrique Redel

<<Impedimenta fue un caso poco habitual, rentable desde el principio, pero lo normal es penar durante dos años>>

ENTREVISTA POR VICTOR M. MARTÍN

Entrar en la sede de Impedimenta es hacerlo en el corazón de una de las mejores editoriales españolas del momento. Su alma mater, Enrique Redel, nos recibe con la aceleración propia del regreso veraniego: en unos días pone a la venta "Matamonstruos", de Jon Bilbao y a finales de septiembre su gran apuesta para este fin de año, "Theodoros", de Mircea Cartarescu. Da gusto charlar con tipos como él, no rehúye ningún tema, se moja en todo, valiente... Enrique Redel, al natural.

Una entrevista de Víctor M. Martin

Pregunta: Enrique, aunque estudiaste derecho, podemos decir de ti que eres un editor de raza. Cuando hablas de tu pasado previo a Impedimenta por diferentes editoriales, la única que citas con nombre y apellidos es Funambulista. ¿Qué pasó allí para que te decidieras a dejarla y meterte en el proyecto de Impedimenta?

Respuesta: Fui abogado porque algo tenía que estudiar, pero yo era editor desde que tenía 8 años: con esa edad, hacía unos libritos, los fotocopiaba y los vendía. De manera natural, siempre estuve haciendo fanzines, era el recomendador de libros, el que editaba el boletín de clase... Funambulista fue la primera editorial en la que participé como socio, aunque minoritario. Mi socio era Max Lacruz, de la familia barcelonesa de los Lacruz, hijo de Mario Lacruz, autor y editor. Desde el principio hubo una diferencia clara de concepto: yo tenía una visión muy colaborativa con el sector, a favor del librero, del distribuidor, de los oficios del libro... Mi socio, en cambio, era bastante más desalmado. Hubo un choque desde el principio. Había otros socios que salieron rápidamente de la editorial porque no les gustaba como funcionábamos. En Funambulista aprendí mucho sobre el negocio del libro, pero era evidente que había dos voces muy diferentes. En marzo de 2007, aprovechando una movida muy extraña

-se intentó plagiar una traducción de un autor- decidí irme. En realidad, yo era ya una editorial. Quiero decir que Impedimenta es una editorial que siempre he tenido metida dentro y Funambulista me sirvió para dar forma a mi propio proyecto...

P: Viste claro lo que querías hacer y lo que no.

R: Fue mi bautizo en el sector desde un punto de vista público, porque antes había estado en otras editoriales donde desempeñaba una labor más oscura, técnica; pero en Funambulista empecé a ser conocido en el sector. Impedimenta fue la salida natural en la que yo me sentí con capacidad para para lanzarme en solitario.

P: ¿Cómo es poner en marcha una editorial? No me refiero solo a la inversión económica. Al final, una editorial publica libros y los vendes. Pero esos libros tienes que comprarlos previamente. Cuando no eres nadie, cuando no tienes ningún libro en el catálogo, ¿cómo haces para acercarte a los autores, para conseguir sus derechos? ¿¿Cómo se convence al autor que te venda su libro cuando tu catálogo todavía no existe o es mínimo?

R: Es muy complicado, Nosotros empezamos publicando libros en dominio público, con Stendhal, Flaubert, Edith Warton... Luego, a algunos amigos míos, como Andrés Ibáñez y autores que me venían de Funambulista como Stanislaw Lem. Durante el primer año, básicamente, sacamos a Stanislaw Lem, a Mihail Sebastian -porque me lo recomendó Marian Ochoa de Eribe, que luego fue la traductora de Cartarescu- y libros en dominio público. Y poco a poco, conforme la editorial se fue asentando, empiezas a tener capacidad de sentarte con gente y decirle, "oye, mira, me interesa tal autor tuyo, proponme algún otro...". Se trata de ir abriendo poco a poco la lata. Y luego viene Cartarescu, que a su vez te trae otros autores... Es una labor muy gradual, tienes que ser consciente de tu propia capacidad y ser un creyente absoluto de tu proyecto. La inversión inicial para una editorial es muy potente, muy fuerte, y tienes que empezar muy bien, no hay casi margen de error. Impedimenta fue el típico caso extraño y poco habitual que fue rentable desde el principio, pero lo normal es penar durante dos años, trabajar en tu casa, no tener sueldo, no poder pagar adelantos. Hay que conocer muy bien el sector, y debo reconocer que he tenido mucha suerte porque la distribuidora (UDL) ha estado detrás de mí. Los compañeros han estado muy detrás de mí, apoyando desde Contexto. Todo esto me ha ayudado muchísimo, porque si no llega a estar Contexto, lo habríamos tenido más complicado. Pero claro, que

MIJAÍL SHISHKIN

Mi Rusia
La Guerra o la Paz

Traducción de Pablo Alejandro Arias

te asocien con Libros del Asteroide, con Nórdica, con Periférica o con Sexto Piso es decirle al sector, "Oye, esta editorial merece la pena".

P: ¿Qué porcentaje de responsabilidad te atribuyes en los libros que publicas? Te he leído que un libro te tiene que tocar, conmover, para lanzarte a publicarlo. ¿Pero puede darse el caso de haber publicado un libro que no cumpla esos requisitos pero que toda la gente que te rodea te dice "que sí, que sí, Enrique, publícalo"?

R: La única persona que influye en el catálogo es Pilar Adón, responsable de que hayan llegado a Impedimenta Penélope Fitzgerald, Iris Murdoch, Joan Lindsay y su "Picnic en Hanging Rock"... Me han recomendado todo tipo de libros, amigos, editores, lectores, agentes, pero si no me convence el texto... Han pasado por delante de mí libros que han triunfado en otras editoriales y que yo los he desechado. Soy feliz con esos libros que han funcionado en otros sitios, no me enfada. Por ejemplo, no aposté fuerte por "Fortuna", de Hernán Díaz. Y ha sido premio Pulitzer, el mejor libro del año para Babelia, pero a mí no me gustó. Si un libro pasa por mis manos y no me gusta, no se publica. Y si hay libros que pasan por mis manos, me encantan y son un fracaso de ventas, feliz también (aunque un poco menos, claro). Publico lo que me apetece.

P: ¿No te agobia esa responsabilidad?

R: Hay autores que me está costando muchísimo sacarlos adelante, pero lo hago con una alegría increíble. Por ejemplo, Dubravka Ugresic no es una autora de grandes éxitos...

P: De ella te quería hablar, porque tu apostaste por Cartarescu, y ya vende; apostaste por Condé y ya vende. Pero Ugresic no acaba de despegar.

R: Pero no me importa, porque se trata de una autora que es para minorías, que funciona muy lentamente. Hay un autor llamado Mijaíl Shishkin, para mí uno de los mejores autores del momento, y vamos a apostar por él con tres libros muy difíciles que ya tenemos contratados, muy minoritarios. Cartarescu tampoco es un autor de masas en España -vende más en Latinoamérica-, pero a mí me encanta. Y mientras me permita mantener la máquina en marcha, que nos dé alegrías parte del catálogo... Por ejemplo, de Tatiana Tibuleac llevamos casi 100.000 ejemplares vendidos. Un fenómeno así te saca toda la economía de la editorial para adelante, pero yo seguiré apostando por Iris Murdoch también. Se trata de una política de autor. Nos gusta apostar por autores que nos interesan e intentar convencer al lector de que tiene que leerlos. Y una cosa muy importante: son apuestas a medio o largo plazo, no compro un libro y si no va bien, me olvido de él, sino que damos todo el tiempo necesario al libro y al autor para que se consolide.

P: Esa forma de trabajar es poco frecuente en el mercado editorial. Si Impedimenta fuera un club de fútbol y tú el presidente, es como fichar a un entrenador para un proyecto a cinco, a siete, a diez años. Y pase lo que pase, no le vas a despedir ni exigir resultados desde un primer momento.

R: Lo que más me gusta del trabajo editorial es descubrir nuevas voces y leer libros que me fascinan, que me dan energía e intentar transmitir esa energía a los lectores, porque creo que, si no, no tiene gracia. Antonio Moresco, por ejemplo, es un autor por el que apostamos el año pasado fortísimamente y es un autor muy difícil. Y tenemos "Los cantos del caos", la continuación de "Los comienzos", un libro muy difícil, pero seguramente apos-

taremos por él porque es un autor que nos fascina, nos gusta. No buscamos libros, buscamos voces y autores. Con Graeme MacRae Burnet tenemos libros que nos han funcionado muy bien, como "Un plan sangriento" y otros peor. Pero es un autor que vamos a publicarle siempre porque es muy bueno y nos gusta mucho.

P: En Contexto publicasteis en su momento un manifiesto maravilloso en el que empezáis diciendo que rechazáis los discursos victimistas. Esto me llama la atención, porque precisamente el sector en el que trabajamos tú y yo es muy llorón: los libreros somos muy llorones, los autores son llorones, los traductores son también llorones. Y llegáis vosotros y decís que no vais a llorar.

R: Esta es una conversación que he tenido con Luis Solano (Libros del Asteroide). Nunca, jamás, vamos a quejarnos de lo mal que va todo porque estamos en la profesión que más nos gusta. Nos en-

canta lo que hacemos, tenemos una red de contactos y de libreros y de periodistas que hablan nuestro propio idioma. Si no funcionamos, es culpa nuestra. Si yo voy a Hojablanca y veo que no está mi libro, no es culpa tuya, es culpa mía por no haber hecho un libro suficientemente bonito y atractivo como para que tú digas, "coño, lo quiero en mi librería". Es una cuestión de transmisión de energía, una especie de termodinámica editorial. Si de repente veo que van muy mal las cosas, haremos por mejorarlas. Hay que hacer libros bonitos porque estamos en un sector que funciona, que crece cada año. A mí los discursos victimistas me horrorizan porque todo lo mal que está pasando es porque tú tienes la culpa. Eso lo tengo clarísimo: porque no has hecho las alianzas correctas, porque tu manera de presentarte en el mundo es equivocada, porque no publicas libros que a la gente les mole, no logras convencerles.

P: Otra de las premisas de Contexto, y creo que Impedimenta es la editorial de las cinco que ha llevado esa idea más lejos, es cuidar al máximo la imagen de vuestros libros. No conozco un lector con criterio al que le cites Impedimenta y no le brillen los ojos. Vuestros libros se reconocen de lejos en una estantería: el diseño es la marca. Y vosotros lo habéis conseguido.

R: Esto es algo que viene de mi pasado. Yo siempre he dibujado mucho, he tenido ojo gráfico. Y siempre tuve claro que en los libros que sacaría serían libros muy bien hechos. Imagínate, Jon Bilbao escribe "Basilisco" ¿y voy y le saco con una portada insulsa? Coño, que Jon Bilbao se ha tirado años escribiendo, es un autor de la hostia, tiene una visión absolutamente increíble, y yo tengo que hacer el libro más bonito que pueda, porque si no es una falta de respeto. Un libro no es solamente su contenido, también su continente. Y existe un respeto máximo por el lector. Un tipo

se gasta 25 euros en un libro que tiene que estar bien corregido, bien maquetado, la portada tiene que ser luminosa, debes tener un cuidado máximo. Yo soy incapaz de comprarme un libro feo, aunque sepa que su contenido es extraordinario. Si el libro es feo no me lo compro.

P: En 2024 habéis decidido dar un cambio a la imagen de Impedimenta que tanto nos gusta a los lectores. Ha desaparecido el borde negro característico vuestro, la sobrecubierta, también la tarjeta interior con la portada del libro que mucha gente usaba como marcapáginas. Ahora los libros, sin ser de tapa dura, parecen más sólidos, más resistentes, y siguen teniendo una textura muy agradable. ¿Cómo se han tomado vuestros lectores estos cambios? ¿Y cuál fue la motivación? Ya sabes, los cambios los carga el diablo.

R: Hace año y medio, el gestor que nos lleva las cuentas nos dijo "Muy bien, habéis facturado más, pero habéis ganado menos". ¿Cómo es posible? Las imprentas nos habían metido un palo terrible, el papel ha subido más de un 30% en los últimos tres años y el modelo de libro que estábamos haciendo ya no era rentable, no nos podíamos permitir algo así. Para colmo de males, el fabricante del papel de nuestras sobrecubiertas dejó de fabricarlo y el nuevo papel que elegimos empezó a subir a lo bestia al poco tiempo. El resultado es que teníamos un libro muy bonito y muy bien hecho, pero al que se le escurría la contracubierta, se estropeaba con cierta facilidad, lo que provocaba muchas devoluciones de libros en mal estado... Y nosotros queremos hacer un libro que dure. ¿Cómo podíamos mantener esta excelencia estética y a la vez eliminar todos esos problemas que nos estaban ahogando? Fue la cuadratura del círculo. Tomamos la decisión de quitar la sobrecubierta, mantenemos el tipo de papel, le subimos un poco el gramaje y ahora hacemos las portadas con un cartón especial y un tratamiento para evitar las manchas. Y vamos a volver a meter el marcapáginas por petición popular. La gente lo ha aceptado bien, de hecho, hemos crecido en ventas en lo que llevamos de 2024 y tenemos menos devoluciones.

P: Y las fajas, ¿cómo lo llevamos?

R: Ja, ja, ja... Intentamos hacer las mínimas posibles, pero todavía hay algunas. "Theodoros" de Cartarescu, que es nuestra gran apuesta del año, va sin faja.

P: Es que un libro con una portada así no puede llevar faja.

R: Te cargas el diseño de la portada, que es espectacular y el autor ya es suficientemente conocido. Así que la faja tenderá a tener menos presencia, porque también encarece: nosotros aspiramos a intentar bajar el precio de nuestros libros, no a subirlo.

P: Enrique, ¿cómo puedes defender, empresarialmente hablando, apostar por un autor a medio-largo plazo sabiendo que vas a vender poco de él?

R: Es que niego la mayor. De todos los libros que saco pienso que voy a vender mucho porque ese es el truco. Ahora vamos a sacar "Termus", ciencia ficción nórdica sobre un desastre nuclear tremendo. Yo me mato por ese libro y estoy convencido de que es un libro que puede vender miles de ejemplares. O mira el caso de Moresco y "Los comienzos", era un libro en el que yo creía tanto que al final hemos agotado la primera edición. Es cierto que hay géneros que sabes que funcionan mejor, el gótico, el terror, la novela negra... pero siempre pienso que todos los libros que saco van a arrasar. Me lo creo hasta el punto de matarme por ellos. No es una pose. ¿Luego qué ocurre? Pues que te

das de bruces con la cruel realidad y ves que el libro no ha funcionado. Y me digo, "Algo mal hemos hecho: lo hemos comunicado mal, la portada no era bonita, no hemos logrado transmitir a los lectores...". Pero si un libro no se vende no es culpa de los lectores, ni de los libreros, ni del distribuidor. Es culpa mía.

P: Esta asunción de la culpa por tu parte me parece muy interesante, porque implica centrarte en la parte del proceso productivo, de comunicación y venta que tú puedes controlar. La creación del libro es cosa tuya; que el librero lo esconda, ya no tanto...

R: Yo pienso que el 90% de lo que se hace en una editorial es comunicación: la manera que en que te diriges al sector, en que diseñas tus portadas, tu página web, el buen rollo que tengas con el distribuidor... Todo es comunicación y al final, si antes pensabas que el librero no recomendaba tu libro por alguna razón, también depende de ti hacerle llegar las razones por las que tiene que recomendar tu libro y no otro. Si yo no me curro que en Hojablanca estén mis libros, algo he hecho mal o algo estarán haciendo mejor los otros. Esa es mi filosofía.

P: En 2025 la editorial se hará mayor de edad y cumplirá 18 años. ¿Crees que la misma impedimenta que tú tenías en la cabeza tal y como la sacaste en 2007, sería factible ponerla en funcionamiento en el 2024 o 2025?

R: En absoluto. Primero, porque el caladero de títulos a recuperar se ha agotado completamente. Todos los títulos que yo tenía pendientes de publicar ya los he publicado; y muchos de los que no he publicado, lo han hecho otros por mí. El clásico moderno está recuperado. Y en segundo lugar, la profesionalización que hay ahora mismo en el sector, el empuje de las editoriales nuevas que han ido haciendo las cosas cada vez mejor, no tiene nada que ver con 2007. El nivel de calidad y del catálogo que tiene ahora mismo la edición española es envidiable. Cuando voy al extranjero y veo lo que hay, tengo clarísimo que en España se hace muchísimo mejor. Las mejores traducciones, las mejores ediciones, las mejores estrategias comerciales se están haciendo en España. El nivel de las librerías es flipante: tú te vas a Inglaterra y ahora mismo hay cuatro superficies, Irlanda es una pena, en Francia lo que hay es mucho apoyo del Gobierno, que es lo que se echa en falta aquí, pero te vas a cualquier sitio... Italia es una vergüenza. Y aquí tenemos un nivelazo del sector increíble. Ahora mismo, si montara de nuevo Impedimenta, me costaría Dios y ayuda conseguirlo. Tendría que estar mucho más preparado y haber metido muchísimo más dinero, sin duda.

P: ¿Qué posibilidades hay de que el próximo William Faulkner, el próximo Gabriel García Márquez, el próximo David Foster Wallace pasen completamente desapercibidos para las grandes editoriales?

R: Hay muchos casos. Santiago Lorenzo publicó varias novelas con editoriales muy cutres, hasta que de repente alguien vio su potencial y le lanzó y se pudieron recuperar sus novelas anteriores. O John Franklin Bardin, del que acabamos de publicar "El percherón mortal", un autor que en vida no tuvo nada de éxito y ahora está siendo reivindicado. Esto pasa constantemente: hay muchos libros que pasan por debajo del radar. Recuerdo el caso de "Juegos de la edad tardía", de Luis Landero. Como empezaba muy raro, todas las editoriales se lo rechazaron, más de 40 editores, hasta que Beatriz de Moura le dio una oportunidad a seguir leyendo y descubrió que era un libro extraordinario. El principal problema de los editores es que no tenemos para leer todo lo que nos llega, yo me leo como una paginilla o dos, si veo que no chutan... Así que claro que pueden pasar por debajo de mi radar auténticas obras maestras, pero es algo con lo que cuento ya. Estoy convencido de que hay buenos autores que se están autoeditando y al final eso acaba saliendo. Pero es verdad que hay un pequeño porcentaje de gente que está sin descubrir y debemos poner los cinco los sentidos para encontrar a esa gente y apostar por ella. Ayer hablamos de una autora que pasó por delante de mis narices, que al final he desechado y que la publicará una grandísima editorial y probablemente tenga mucho éxito. Pues qué se le va a hacer. Pero como no cuente con que esto me va a pasar, me estaría dando puñaladas todo el día.

Sin embargo, hay otra cosa más frustrante: libros que me han encantado, que he apostado por ellos, pero se los ha llevado un gran grupo porque han puesto más dinero y luego han pasado completamente desapercibidos. Eso sí que me fastidia, me mata. Muchos autores apuestan por editoriales de nuestro tipo, que cuidan su obra, antes que por tener un súper adelanto y que te coloquen en todos los escaparates. Lo bueno que tiene una editorial como Impedimenta es que las apuestas son muy fuertes por los autores. Muchas veces, los grandes grupos contratan libros muy buenos, pero que comercialmente son difíciles y prefieren dar más potencia al libro comercial que al libro de fondo. Nosotros hacemos libros de fondo que quince años después, siguen en las librerías. La mayoría de nuestros libros están vivos, están en librerías, se reeditan: "Botchan", de Soseki, lleva 17 años vendiéndose.

P: Esto nos lleva a otro de los problemas del mundo editorial, del que ya hemos hablado colateralmente en algún momento: el exceso de publicaciones.

R: Es muy complicado, al año se publican entre 7.000 y 8.000 novedades literarias, unas 30 diarias, echa cuentas si tienes ganas. La dinámica de la economía editorial tiene que ver con la ocupación de espacios. La mesa de novedades ocupa lo que ocupa y como el libro se coloca en firme y se factura ese mes, lo que tu necesitas ese mes es facturar más que la competencia porque eso significa que has ocupado más espacio. Nosotros no jugamos a eso. Nuestra apuesta es que el librero sepa que ese libro que colocas será un buen libro, un libro que te aguantará y que te generará buenas reseñas y que tendrás un lector de cierto tipo. Yo tengo una teoría que algún día tendré que hablar con algún economista: creo que el mercado del libro es un mercado muy autorregulado, no está dopado con ayudas públicas, porque la verdad es que la administración no da una mierda. Se publica todo lo que se

puede publicar, ni un libro más. Nosotros vamos al límite siempre, porque si se pudiera publicar algo más, se publicaría. Se publica hasta el punto de resultar sostenible. Por arriba ya no es sostenible y por abajo hacemos tanta fuerza que no se puede publicar menos. Se publican todos los libros que se pueden publicar, ni uno más.

P: Entonces, esta vieja aspiración mía de que se reduzcan el número de novedades literarias que se publican en España no lo verán mis ojos...

R: No, no lo van a ver.

P: Otra de las cosas que habéis hecho muy bien en Impedimenta es iluminar a todos los oficios que participan en el proceso de creación de un libro. Habéis dado protagonismo a los traductores, cuyo nombre ya aparece en las portadas, se cuida el diseño por fuera y por dentro, se extrema la corrección, intentando reducir al máximo la posibilidad de que haya una errata o algún error orto tipográfico. Y ahora aparece la inteligencia artificial, que te traduce aceptablemente un libro, que en unos minutos crea unas portadas que a lo mejor los expertos detectan rápidamente que es "falsa", pero los profanos tenemos que pararnos a analizarla de manera más detallada, corrige un libro, elimina erratas, corrigen incluso el estilo. Yo he hecho pruebas con un texto de Julio Verne en el Editor de Microsoft y me sugiere corregir el estilo de Verne... ¿Cuánto puede afectar la inteligencia artificial al futuro del mundo editorial?

R: No estoy muy puesto en inteligencia artificial, pero sé que, desde hace años, parte del trabajo editorial, no por nuestra parte, pero sí por parte de grandes grupos y de editoriales extranjeras, se ayuda de la I.A., se hacen traducciones con inteligencia artificial, al menos asistida. Hace un par de años, en las conversaciones

Formentor, unas traductoras holandesas nos contaban que en su país son bilingües -neerlandés e inglés- y cuando sale un libro en inglés, la gente tiene puede leerlo en ese idioma sin ningún problema. Entonces, las editoriales holandesas, si quieren sobrevivir y ofrecer esa novela en holandés, necesitan hacer la traducción en 15 días, y eso sólo es posible con la inteligencia artificial. De hecho, ya hay dos tarifas en traducción: con inteligencia artificial y sin inteligencia artificial.

Y mucho me temo que grandes grupos que ahora mismo van a la pela, están haciendo ya traducciones o bien asistidas con la inteligencia artificial, o bien ya directamente con inteligencia artificial, porque hay herramientas que te traducen de determinados idiomas y en determinados registros, exactamente igual que una persona. Hablo de una traducción sencilla, de andar por casa y poco literaria, un poco de pasar páginas, y lo único que le tienes que pasar es una corrección por parte de un editor. Y se acabó. Eso afectará a la maquetación, porque ya hay IA que te maqueta un libro de manera que quede bonito; afectará al diseño porque a la hora de mejorar una imagen que está dañada, la metes en programas de inteligencia artificial y te quitas horas de Photoshop. Eso se hace. Mejorará determinados aspectos, hará que trabajemos más cómodos, más rápidos, se abrirán nuevas oportunidades de trabajo, pero sí que nos va a afectar. Lo que nosotros no vamos a hacer en ningún momento es sustituir el talento humano por una máquina, pero sí usaremos esas aplicaciones que nos puedan ayudar a hacer mejor nuestro trabajo. A mí lo que me fastidia es que la inteligencia artificial se lance a procesos que tienen que ver con la creación. En esas conversaciones alguien lanzó una profecía: de aquí a cinco años vamos a empezar a ver en España premios ganados por inteligencias artificiales, premios literarios que de repente se descubran que han sido "escritos" por una inteligencia artificial. Ya en Japón, el premio Akutagawa de 2024, la ganadora Rie Kudan ha reconocido que parte del libro lo ha hecho una inteligencia artificial.

P: *Hablando de traductores, David Foster Wallace dijo en una ocasión que sólo leía libros en inglés porque "cuando se lee una traducción, lo que el lector disfruta no es el trabajo del autor, sino el del traductor".*

R: Creo que Foster Wallace tiene razón en parte. El traductor hace una adaptación del texto literario. Por ejemplo, Marian Ochoa de Eribe, para mí, la mejor traductora que tenemos ahora mismo de cualquier idioma al español. Lo que ha hecho con "Theodoros" o con "Solenoide", con todo Cartarescu es algo sobrehumano. Sus traducciones están consideradas canónicas: los lectores de editoriales extranjeras que no leen rumano, pero sí leen español, pueden leer sus traducciones como la traslación más fiel al universo de Cartarescu. Pues aun así, ella me dice que a veces tiene que tomarse ciertas licencias. Evidentemente, el traductor siempre pone de su parte, una traducción literal no es factible, tiene que haber siempre una voz, que cuanto menos se note, mejor, pero no deja de ser una voz. Lo que sí que pasa, y es de lo que habla Foster Wallace indirectamente, es del ámbito de la traducción al inglés, que es un desastre porque los ingleses planchan todo, eliminan el estilo del autor. Lo llevan al inglés que ellos entienden. Y nosotros somos mucho menos planchadores, en nuestras traducciones sí nos gustan las arrugas. Así que le reconozco a Foster Wallace que en el caso de las traducciones al inglés hay mucha más intervención y no precisamente positiva.

P: *Otro problema recurrente del panorama educativo español y otra pregunta recurrente en todas las entrevistas que he leído tuyas: el fomento de la lectura. Pasan los años, y seguimos hablando de lo mismo. ¿Por qué es tan difícil meterle mano a este problema? Si es que es un problema, que a lo mejor no es un problema que haya gente a la que no le guste leer.*

R: No es un problema el que no te guste leer. Es una opción, como que no te guste el fútbol o la música clásica. Pero también es cierto que hay un concepto equivocado, y aquí me voy a meter en un jardinazo alucinante, pero me da igual. Me gustan los jardines. Hace unos años, cuando dije que el libro electrónico no iba a ir a ningún lado, ya me llamaron troglodita... Mira las notas de corte de carreras como Medicina, Ingeniería Industrial, Telecomunicaciones... Un 12, un 13, una barbaridad. Y mira las notas de corte de las carreras de letras, de Pedagogía, de Filología... Los que no dan ni palo, se apuntan a estas carreras y luego sale gente de la universidad con ideas extrañas como, por ejemplo, que no se puede obligar a la gente a que lea porque es un aburrimiento... "No, es que leer el Lazarillo no te va a ayudar a nada en la vida". Pues yo aprendí a hacer derivadas, logaritmos neperianos y no sé cuántas cosas más de ciencias. A ver, ¿para qué me ha servido a mí en la vida esos conocimientos? Pero no se discute tener que aprender matemáticas o la tabla periódica, o saber formular. El conocimiento científico no se pone en tela de juicio, pero todo lo relacionado con las letras, sí. Ahí está el problema. Sé que es una putada decirlo, pero hay que obligar a la gente a leer. La gente tiene que saber que existen los clásicos y tiene que aprenderse poemas de memoria, hay que fomentar la erudición y la cultura. Pero la obsesión es ¿para qué me servirá esto?

P: Es que si el modelo pedagógico a seguir es el conocimiento que nos sirva para el futuro, hay que darle una vuelta al sistema educativo español del 300%.

R: Igual que a mí y a ti nos han obligado a aprender matemáticas, hay que obligar a la gente a que aprenda lengua. Una amiga mía, profesora de instituto, me dice que sus alumnos de 2º de bachillerato salen con un nivel de comprensión lectora paupérrimo, no comprenden lo que están leyendo. A lo mejor soy muy talibán y radical, la gente me lo critica mucho, pero creo que hay un problema de exigencia. Es algo que en Francia no ocurre. En Francia tienen un sistema de aprender retórica, de discutir, de tener lecturas, y la gente sale de los institutos y las universidades con un cierto bagaje. En España no es así. Ese es realmente el problema. Si no tienes capacidad de leer críticamente, no podrás ser un ciudadano con capacidad de discernimiento.

P: A no ser que sea eso lo que pretende el sistema...

R: Eres un chico muy malo.

P: Cuando esta entrevista vea la luz, ya habrá salido publicado "Theodoros", la última novela de Mircea Cartarescu, un libro de casi 700 páginas y vuestra gran apuesta para el trimestre final del año. ¿Qué pistas puedes dar a los lectores sobre "Theodoros"?

R: Es un proyecto largamente acariciado por Cartarescu, porque desde hace 40 años, en sus diarios ya estaba esta historia, y él la ha ido incubando. Mientras escribía "Solenoide", ya estaba "escribiendo" este libro, y es un libro que marca un cambio de estilo, porque es la primera novela de verdad. Cartarescu dice que "Theodoros" es su primera novela, que todo lo anterior es poesía. Es una novela de aventuras, una novela bizantina, que cuenta la historia de un muchacho humilde, de Valaquia, la antigua Rumanía, que se siente destinado para ser emperador, y durante toda su vida, hasta convertirse en Theodoros II de Abisinia, es pirata, bandido, monje, viola y mata, se vuelve un ferviente cristiano. El libro está contado en segunda persona, porque los narradores son unos ángeles en el cielo que cuentan su historia durante el Juicio Final. La novela es como ver un cuadro del Bosco constantemente en movimiento, de una precisión y de una belleza absolutamente increíbles, que se lee casi como una novela de aventuras, una novela lúbrica, divertidísima, de historias dentro de historias. Va a ser nuestro libro del año, hemos tirado 15.000 ejemplares y hay que venderlos.

P: Si hablamos de editoriales independientes, Impedimenta es una de las joyas de la corona. No sé si la que brilla más, o la segunda o la tercera, pero una de las más importantes. Me cuesta creer que no haya llamado a tus puertas ninguno de los grandes grupos.

R: No, ninguno. Yo creo que es un tipo de literatura tan personal que nadie me ha dicho nada. Nadie me ha tentado.

P: ¿Y si lo hicieran?

R: Si me tentaran... Hombre, yo lo que haría sería dejarme al frente hasta que me jubilara y luego... Pero eso tampoco me hace gracia.

P: A nosotros tampoco nos la hace.

R: No me gustaría que se quedaran el nombre, es que no me apetece. Impedimenta es un proyecto personal. No, no lo vería. Hombre, si yo estuviera en este negocio por la pasta, pues a lo mejor les diría, "sí, dame tanto dinero y me jubilo". Por ahora no pienso así.

P: Pero llegará un momento en el que no podrás seguir editando libros. Tendrás que dejar que alguien lleve esto. ¿O Impe-dimenta desaparecerá cuando desaparezcas tú?

R: Yo creo que Impedimenta desaparecerá cuando yo no pueda seguir., como puede que pase con Libros del Asteroide, ¿cómo va a seguir Libros del Asteroide si ya no estuviera Luis Solano? ¿Cómo va a seguir Nórdica sin Diego Moreno? No se puede. Hay casos como Acantilado, que al fallecimiento de Jaume Vallcorba tomó el relevo Sandra Ollo, que era su pareja y había aprendido de él. Y es una editorial que se mantiene independiente. O Anagrama, al final la ha comprado Feltrinelli, pero sigue estando Jorge Herralde y su sombra es muy larga. Pero mi interés ahora mismo no es especular si viniera alguien a comprar Impedimenta. No me lo planteo. Y eso que todos los días pienso, "Dios mío, esto es un peso demasiado grande". Pero no puedo hacer otra cosa. Yo sueño que edito libros.

Alice Munro

<<El poder de los moralistas de la cultura es espeluznante, sobre todo porque ahora mismo, en las redes, cualquiera es capaz de montarla y desde el más absoluto anonimato. Antes los tontos gritaban en el bar y ahora lo hacen en Twitter. >>

P: *No soy amigo de discutir, sobre todo en la librería, pero las pocas veces que lo he hecho ha sido por el precio del libro. Hay gente que se queja y dice que los libros son caros. Yo mantengo la teoría totalmente contraria: no solo que los libros son baratos, es que me parecen muy baratos.*

R: La gente no sabe que los márgenes que tienen las editoriales son ridículos. Aquí nadie se hace rico, ni los traductores, ni los autores... Bueno, a lo mejor los del papel, sí; y los distribuidores un poco por acumulación, pues puede que estén un poco más desahogados. Pero nadie se hace rico. ¿Los editores? No, no... Tenemos empresas que son rentables, que podemos ampliar el equipo, pero yo en cuanto tengo un poco más de dinero, subo sueldos, contrato gente, hago que la empresa crezca. O contrato mejores libros. Si le aplicáramos a los libros el margen de la Coca-Cola, los libros valdrían 60 euros. Pero en nuestro caso, el libro está al precio máximo que se puede colocar.

P: *Y luego está la cuestión del objeto. Un libro puede costarte entre 20 y 25 euros. Vete a cenar a cualquier sitio por menos de dinero, hazte un viaje, ve al cine con la familia... Y todo esto es un disfrute efímero. El libro, en cambio, lo tienes siempre contigo, lo puedes leer dos veces, tres, cinco, se lo puedes prestar a un amigo, a dos, lo puedes regalar, subrayar, anotar... Siempre vas a poder acudir a él. No es algo digestivo que degustes y expulsas al cabo de unas horas. ¿Porque se nos hace caro que un libro cueste 25 euros y aceptamos de buen grado que nos cobren 50 euros por comer en un restaurante?*

R: Porque el libro exige un esfuerzo, y la gente, para esforzarse, no paga. Pero no son consciente que, a cambio de ese esfuerzo, la recompensa es infinita. Hay una cosa que tiene el libro que no tiene nada más en el mundo. Es el único artefacto que cuando te metes en él, desaparece todo. Tú puedes estar viendo una película y planchando una camisa. Puedes estar en el cine y darte el lote con la pareja, puedes estar escuchando música y fregando a la vez. Pero cuando estás en un libro, sales, viajas y no puedes otra cosa. Por eso, durante la pandemia, ¿por qué subieron los índices de lectura? Porque la gente quería salir de su casa y viendo Netflix y HBO ya estaban hasta las narices. Pero hay que hacer un esfuerzo. Y tampoco existe una cultura de prestigio del libro. Los poderes públicos no lo alientan, no animan. Hay muchas causas. Yo no sé porque la gente dice es que caro. Para mí es imposible plantearme un mundo sin libros, yo soy de los que compro los libros sin mirar el precio.

P: *Las políticas de cancelaciones. Este verano hemos tenido el caso de Alice Munro con los abusos de su hija. ¿Qué opinión tienes al respecto de estas situaciones? ¿Hay que cancelar a Alice Munro? ¿Habría que cancelar a Kingsley Amis, en vuestro catálogo, por "Stanley y las mujeres"?*

R: Estoy totalmente en contra de la cancelación. Creo que la lectura es el ámbito mayor de libertad del ser humano. Leer no nos hace mejores, incluso de vez en cuando, nos hace peores. Y a los niños hay que maleducarles con la lectura. Hay que enseñarles lo prohibido, lo feo. La literatura es también el reino de lo prohibido. Decía Martin Amis que la bondad no mancha la página. Yo busco más la disfunción en la literatura que la sensación de que estamos haciendo el bien para algo, de que somos seres magníficos. Cuando de repente cancelan a alguien, me dan muchas ganas de leerlo. Me pasa al revés.

Además, estamos mezclando dos cosas muy diferentes: la moral o la ética del autor con el valor de su obra literaria.

Creo que se deberían separar completamente. El caso de Picasso, de James Joyce, que animaba a su mujer a ser infiel para saber lo que sentía un cornudo. Ahora mismo, un porcentaje razonable de las cosas que se publican en España, no es que tengamos un inspector de moralidad, sino que las propias editoriales y los autores se cortan mucho, porque la violencia y la agresividad de las redes sociales y de aquellos que directamente son policías de la moral es brutal. Mi pronóstico es que se va a dar un efecto rebote, que vamos a pasar por una época de total y absoluto despelote, tanta moralidad está destrozándolo todo. Y a mí, como editor y como lector, me preocupa pensar que los autores que escriben ahora estén pensando también en qué va a pasar si digo esto, si escribo esta frase, si uso este adjetivo. Esto también servirá para separar el grano de la paja. La diferencia de un autor de verdad con un autor de mentira es que el autor de verdad no se corta nunca. El verdadero autor está para provocar. Un autor complaciente no merece la pena.

El poder de los moralistas de la cultura es espeluznante, sobre todo porque ahora mismo, en las redes, cualquiera es capaz de montarla y desde el más absoluto anonimato. Antes los tontos gritaban en el bar y ahora lo hacen en Twitter. Es muy complicado porque la presión es muy fuerte y conozco muchos casos de autores, muertos de miedo, de qué van a pensar de obras que son perfectamente plausible pero que abordan temas muy escabrosos: la violencia sexual, los crímenes desde puntos de vista no muy políticamente correctos. Y no escriben por una cuestión de convicción, es obvio, sino por indagar en lo oscuro. Y al final, no lo escriben porque piensan que les va a caer por todos los lados. Lo dicho, yo, cuando cancelan a alguien, me compro sus libros.

De mentiras y mentirosos

POR LONDO MOLARI
ILUSTRACIÓN DE EL NIÑO MÁRMOL

Es posible que cuando paseen por Toledo y se acerquen a la plaza de las Cuatro Calles – donde realmente hay cinco- oigan a algún guía hablar del hallazgo de Cervantes del famoso manuscrito de Cide Hamete Benengel[1], en la antigua zona del Alcaná.

Las versiones del descubrimiento de los papeles por el complutense son innumerables; que, si los encontraron en una de las múltiples librerías de la zona; que, si se lo vendieron del archivo de la catedral primada, o que lo encontró y escribió en una de las estancias de Cervantes en la cárcel en Toledo (creo lo confundieron con San Juan de la Cruz, pero vaya usted a saber). He oído hasta decir, que en realidad Cervantes no era su autor real, pero que debido a la persecución hacia los "moros" se apropió del texto.

No es mi intención hablar del Quijote, aprovechando que Rico no está para contradecirme, pero como un irresponsable me ha dado un espacio en la revista, aprovecho para publicar uno de estos raros especímenes que por cosas de la vía heredé hace tiempo, y es que Toledo es muy dado a estos documentos.

De hecho, en el Archivo de la Catedral de toledana se encuentran conservados 97 folios, no numerados, escritos con letra de distintas manos del siglo XIV, un, llamémosle, libro, que recibió el nombre de Virgilii Condubensis Philosophia.

De este manuscrito lo único que se conoce como cierto, es que está en el Archivo de la Catedral de Toledo, que data de principios del S. XIV[2] y que su autor es desconocido. Quien lo elaborara afirmaba recoger una traducción al latín de

---

1 Estando yo un día en el Alcaná de Toledo, llegó un muchacho a vender unos cartapacios y papeles viejos a un sedero; y como yo soy aficionado a leer aunque sean los papeles rotos de las calles, llevado desta mi natural inclinación tomé un cartapacio de los que el muchacho vendía y vile con caracteres que conocí ser arábigos (...) y no fue muy dificultoso hallar intérprete semejante (...) poniéndole el libro en las manos, le abrió por medio, y, leyendo un poco en él, se comenzó a reir.

Preguntéle yo que de qué se reía, y respondióme que de una cosa que tenía aquel libro escrita en el margen por anotación. Díjele que me la dijese, y él, sin dejar la risa, dijo:

—Está, como he dicho, aquí en el margen escrito esto: «Esta Dulcinea del Toboso, tantas veces en esta historia referida, dicen que tuvo la mejor mano para salar puercos que otra mujer de toda la Mancha»

Cuando yo oí decir «Dulcinea del Toboso», quedé atónito y suspenso, porque luego se me representó que aquellos cartapacios contenían la historia de don Quijote. Con esta imaginación, le di priesa que leyese el principio, y haciéndolo ansí, volviendo de improviso el arábigo en castellano, dijo que decía: Historia de don Quijote de la Mancha, escrita por Cide Hamete Benengeli, historiador arábigo.

2 Las traducciones orientales en los manuscritos de la Biblioteca Catedral de Toledo - Millás Vallicrosa, José María. CSIC 1941, signatura MS 94-22, nº 286 del inventario del año 1727.

otro texto, a su vez escrito en árabe y de época desconocida. También consta en el explicit que la traducción se terminó en 1290. De todo lo demás debemos de dudar, aunque podría ser cierto.

En el caso de este extraño documento son varios los narradores "conocidos" mientras que el autor permanece en el anonimato, al igual que pasara con la historia de Don Quijote, en el que las múltiples autorías superpuestas diluyen la fuente originaria y en el que Cervantes juega a distraer al lector de su paternidad, atribuyendo a lo que yo llamo narradores[3], la gestación de la obra.

El segundo de estos narradores sería, aquel que escribiera el manuscrito original en árabe, ese tal Virgilio de Córdoba, nombre que de la misma forma que Cide Hammete Benengel, adoptaba como máscara, tal vez de protección frente a la condena que se acababa de producir en París al pensamiento aristotélico-averroísmo, tal vez para ocultar la burla que podría contener el texto hacia esta filosofía. Pero de nuevo, no solo la gramática es deficiente, sino que el contenido del propio discurso es, en apariencia una burla y una pantomima irónica a las ciencias y saberes que durante los siglos XII y XIII habían proliferado en los centros de saber peninsulares en los que se encontraba Toledo y que siglos después imitara Cervantes. Ya sabemos que la ironía maquilla la crítica.

Mientras que construye su Philosofia, este falso erudito afirma ser compañero de estudios en Córdoba de Seneca, Averroes, Avicena y Algazel y se describe a sí mismo como el magister moderador de la disputatio académica, que resuelve mediante la consulta a los seres malignos (demonios), mediante la práctica de la Nigromancia.

Algunos autores teorizan que, de la difusión de este escrito, Toledo tomó la fama de ser sede de las escuelas de Nigromancia fundadas por el propio Salomón (aunque éste tradicionalmente fuera maestro del llamado Ars Notoria) lo cual es paradójico, porque si Toledo hubiera sido academia de magos y nigromantes y en nuestra ciudad se hubiera estudiado la llamada Refulgencia o Ars Notoria, habríamos encontrado algo más que un boceto satírico en latín castellanizado. Pero ya se sabe, unos crían la fama y otros cardan la lana.

Y la tercera obra de la que vamos a hablar en cuya comunicación me involucré, afectaba a un buen amigo mío.

Me llegó el manuscrito en un sobre remitido por una abogada, afirmando ser el albacea de un colega de la facultad. En su interior encontré una carta en la que me explicaba el hallazgo de dicho manuscrito y el trabajo de transcripción que sobre él se había realizado. También me pedía que si algún día podía, lo publicara. En el interior del sobre no encontré el original, sino una copia manuscrita por mi colega. Así que no puedo afirmar ni negar su veracidad, pero la historia que cuenta tiene cierta verosimilitud y quién sabe, si a raíz de esta publicación alguien se anima a su búsqueda.

Querido amigo lo que te voy a relatar es tan cierto como las palabras que se escriben en un libro o como lo pudo ser en algún momento Troya, Etiopia, las Islas Afortunadas, la Cueva de Hércules o Mordor.

No recuerdo cuando lo encontré, pero sí que ya había leído y releído El nombre de la Rosa y mostraba un excesivo amor por los cacharros antiguos y los manuscritos mohosos.

---

3   El inicial anónimo y en primera persona, los académicos de Argamasilla, el moro aljamiado o Cide Amete

En esa época visitaba con mi amigo Mariano, insigne archivero, todos los mercadillos, almonedas, descargas y nobiliarias ferias de antigüedades, donde él buscaba raras piezas de cerámica y yo pillar cualquier cosa que despertara mi interés.

Fue en una de estas descargas a las que acudíamos regularmente, cuando compré una pequeña consola de estilo chinese, más falsa que la Philosophia de Virgilio, pero bellamente decorada, que llamó mi atención y cabía en mi coche. Después de mirarla, salivarla, regatearla y comprarla, me la traje a Toledo.

Estaba sucia, llena de polvo y telarañas, incrustaciones de sustancias que no quería reconocer y alguna que otra señal de carcoma. Esto me decidió a limpiarla en profundidad y a desarmar aquellas partes desmontables o sueltas para examinar a la luz los rincones en los que las dañinas orugas podían esconderse para darse un festín después con la estructura de mi casa y la del vecino.

Desmontando una de las puertas, cuyo panel interior estaba un poco levantado, me percaté de que su falla no se había producido por el tiempo y el descuido, sino por una mano intencionada. Con cuidado fui retirando los clavos de sus holgados agujeros y revelé una oquedad en su interior que ocultaba unos rollos de anciano papel, en parte amarillentos, en parte ennegrecidos.

Había oído a algún conocido dedicado a la restauración de documentos, que los mohos del papel son en extremo perniciosos y que además las grasas dactilares podían, con el tiempo, degradar la hoja que habían tocado. Así que, del armario del fregadero saqué unos guantes, me los enfundé y procedí a sacar con suma delicadeza aquel amasijo encastrado en mi mueble.

Como pude y con cuidado lo desdoblé y estiré. A cada vuelta mi emoción aumentaba pues el rollo estaba manuscrito con letra apretada y estilizada, sin apenas panzas, astas o volutas, para que la caligrafía no distrajera del contenido.

Como entre mis aficiones nunca estuvo la paleografía, me costó entender qué había encontrado.

Después de varios meses en los que, junto con mi amigo Enzo, trabajamos en la lectura y desciframiento —no porque estuviera escrito en una lengua antigua e ininteligible, sino por las malas condiciones de conservación dificultaban la lectura- podíamos anunciar al mundo lo que había encontrado.

No pudimos desvelar el porqué estaba encerrado en la puerta de una imitación chinese, ni de dónde provenía ese mueble y aunque preguntamos en otras descargas a los otros vendedores sobre el propietario original, entre uno que no recordaba y otro que afirmaba que era la primera vez que lo veían, jamás pudimos situar el origen de la consola, cuanto menos de un documento, que, si las fechas eran ciertas, llevaba escrito más de 500 años.

Después llegó la pandemia, Enzo se marchó y el resto, como decía aquel es historia.

El manuscrito sigue en la oquedad del armario chinese por si quieres comprobar la veracidad de mi historia. No te preocupes si te lo llevas, logré matar la carcoma.

Se despide con cariño.

Dieciocho de octubre de 1522, yo D. Miguel de Rodas vengo a manifestar que todo lo que relato a continuación es cierto, aun cuando mi testimonio no ha sido pedido, pues es mi obligación moral así hacerlo y puesto que no se me permite entrar en el interrogatorio, al que ha de contestar mi Capitán Elcano y que ha sido encargado por su Majestad y ejecutado por Santiago Diez de Leguizano Alcalde de la Casa y Corte, a raíz del relato realizado por el sobresaliente D. Antonio Pigaffeta, quien llevó en secreto un diario de lo acontecido y por él vivido, si bien interesado, es de justicia que mi testimonio sea también leído y si cabe oído, puesto que partí como Maestre en La Victoria y en la misma permanecí los tres años que duró el encargo realizado por Doña Juana y Don Carlos, su hijo, por la Gracia de Dios Reina y Rey de Castilla, de León, de Aragón: Descubrir el paso a través de las nuevas tierras que conectara ambos mares y fijar una ruta hasta la isla de las especias.

Sobra recordar a su Majestad que la armada concedida para tan fantástico encargo, estaba formada por cinco naos: La Concepción, La San Antonio, La Trinidad, La Santiago y La Victoria, en la que embarqué y que según me comentó el contramaestre de La Trinidad, D. Francisco Albo, había sido construida en Zarauz por encargo del mismísimo D. Juan Sebastián, pues de todos es sabido que los buques más considerados son los procedentes de las atarazanas vascas y que al no ser muy grandes, son fuertes y buenos veleros, válidos para cualquier viento y preparados para la guerra.

Con un total de 237 hombres, aun cuando fueron 265 los listados, embarcamos en siguiente número:

La Trinidad: con 66 hombres y al mando de D. Fernando de Magallanes, Esteban Gómez, de piloto, Juan Bautista de Punzorol de maestre y Gonzalo Gómez de Espinosa como Alguacil Mayor; también el malhablado Antonio Pigaffeta o Lombardo, que junto con el llamado Duarte Barbosa y otros forma parte del grupo de sobresalientes, Francisco Albo de Rodas, embarcado como contramaestre de La Trinidad y que, por los derroteros y tragedias del viaje, terminó como piloto de La Victoria.

La San Antonio: Que contó con 56 tripulantes y al mando de Juan de Cartagena, quien sustituyó a Ruy Falero como Conjunta Persona de Magallanes en el mando, como pilotos a Juan Rodríguez de Mafra, y al astrólogo y cosmógrafo Andrés de San Martín, vecino de Sevilla. Juan de Elorriaga como Maestre y Antonio de Coca, como Contador de la Armada.

La Concepción: Como capitán, al castellano Gaspar de Quesada; de piloto, al portugués Juan López Carvalho; de maestre, al guipuzcoano Juan Sebastián Elcano y a Juan de Acurio de Bermeo, como contramaestre, y que llevaba embarcados a 44

La Victoria: A Luis de Mendoza como capitán y Tesorero de la Armada, al portugués Basco Gallego como piloto y al infrascrito como contramaestre, y contó con 44.

La Santiago: Al mando del capitán y piloto Juan Serrano comandaba 31 hombres embarcados en una carabela que estaba preparada para explorar ríos y ensenadas.

Fueron cargados además de provisiones cuadrantes, astrolabios, brújulas, ballestillas, tablillas náuticas, agujas de marear, cartas y portulanos, todos contabilizados para la larga gesta y el incierto destino

Y tras un año y siete meses de preparativos, impedimentos, encerronas, enfados y cambios de mando, el día 10 de agosto de 1519, en la iglesia de Santa María de La Victoria del barrio de Triana, se prestó juramento al almirante D. Fernando de Magallanes y se le entregó el estandarte real, quien con la rodilla hincada a tierra prometió fidelidad al Rey de Castilla y llevar a buen término la empresa encargada. Y este mismo juramento nos fue tomado a sus capitanes y oficiales.

No sabíamos, en este momento, que dichas palabras de lealtad se quedarían en Sevilla.

Bajamos por el río Guadalquivir, sin capitán todavía, que quedó en Sevilla otorgando Testamento, hasta la desembocadura de Sanlúcar de Barrameda, donde aguardamos vientos favorables, repasamos los navíos y se nos dio a los Maestres instrucciones para la navegación: la nao Trinidad y capitana, iría siempre delante, las demás detrás y para no perder el rumbo durante la noche, encendería un farol a popa que sirviera de guía y después otro de esparto como respuesta de la marcha de las demás. Dos fuegos más, para virar o enfilar derrota, rebajar velas o atender a maniobras por viento contrario, tres fuegos para arribar la boneta y cuatro para recoger velas o desplegarlas, si estaban arriadas. Si había peligro o tierra, muchos fuegos y disparos, así como tres guardias durante la noche.

Zarpamos definitivamente el día 20 de septiembre de 1519, fondeando seis días después en las costas canarias, donde repusimos agua, leña y un último calafateo, pues en el primer viaje a las Indias, que realizó Colón, trajo en su casco pegado broma, que, sin ser muy peligroso, si supone grandes molestias.

Y fue ya al empezar el viaje, cuando los enfrentamientos entre el comandante y comenzaron a tomar forma, porque aun cuando, nuestro señor nombró a D. Juan de Cartagena, como veedor con las mismas atribuciones que Magallanes, éste que fue incapaz de compartir el mando o consultar con él sus decisiones, pues ya desde el principio y al contrario a lo ordenado, ordenó un cambio en el rumbo hasta acercarnos a Cabo Blanco que era dominio de los portugueses.

Cuando Cartagena interpeló a Magallanes, éste le espetó, que de eso no se preocupase porque no entendía, que se limitase a seguir el estandarte Real de día y el farol de noche y que nada más le contestaría, pues no pensaba el darle cuenta de estas alteraciones.

Y no fue decisión acertada, porque este cambio de rumbo trajo más retraso, pese a que en un principio los vientos nos fueron favorables hasta llegar a las islas de Cabo Verde, donde se calmaron durante una veintena de días y tras volverse a levantar se nos volvieron en contra alcanzándonos un temporal de lluvia que nos empujó a las costas de Guinea y peligrosamente cerca del dominio portugués, que con tan malas artes había estado pretendiendo cerrar el paso a nuestra gesta.

Ofendido Cartagena, por las palabras del comandante, se propuso a su vez ofender al capitán, negándole el saludo y tal fue la afrenta, que terminó siendo preso y encepado en su propio barco, situación que a postrera trajo funestas consecuencias, por el orgullo de uno y la soberbia del otro.

Recuperados del temporal, logramos continuar rumbo SSO, hacia el nuevo mundo atravesando el Atlántico sin más complicaciones.

Tras cuatro meses de esperas y viaje, el 15 de diciembre de 1519 avistamos la tierra del nuevo continente, donde el Comandante decidió hacer parada, tras buscar entre las playas y arenas lugar de descanso, optó por una amplia bahía a la que bautizamos con el nombre de Santa Lucia, aun cuando ya era de dominio portugués y había sido bautizada como de Geneiro.

Advertidos bajo pena de muerte de no causar ningún revuelo en el suelo de nuestro monarca vecino, desembarcamos y repusimos leña, alimentos, agua y buen descanso.

Nos relacionamos con los amables nativos, que maravillados por nuestras baratijas embarcadas a fin de realizar intercambios, nos acogieron en sus cabañas o "bois" y nos mostraron sus extrañas pinturas grabadas en la piel y las joyas que portaban en los labios.

Fue Pigaffeta el que más trató con los indígenas, recogiendo anotaciones de cada detalle, sin duda para afamarse como relator del viaje, comisionado por nuestro amado monarca, o eso creíamos.

Y tras 13 días de relajada estancia, nos ordenó Magallanes, levar anclas y continuar con la misión.

Dos hechos enturbian el retomado sosiego; por una parte, durante la parada, el capitán cambió los mandos en La nao San Antonio, relevando a D. Antonio de Coca, por su sobrino don Álvaro de la Mesquita, cambio que aumento el recelo y las sospechas de favoritismo hacia lo portugués, en contra de lo castellano; y por otra, juzgó y ajusticio al siciliano Antonio Salomón, al haber sido sorprendido durante la travesía atlántica, en acto sexual con un grumete.

Mientras que seguíamos rumbo sudoeste, navegando en cabotaje, en busca del tan ansiado paso entre los dos mares, nos topamos con el estuario del gran rio llamado Mar Dulce de Solís, bautizado así, por el gran explorador que perdió la vida en él.

Tan amplio era el estuario, que, ante la necesidad de carenar La San Antonio y La Victoria, fueron ambas varadas en la costa arenosa, mientras las demás expedicionaban el rio en la creencia de que era el gran paso buscado, pues el Comandante seguía las noticias que trajeron los supervivientes del viaje al mando del fallecido Juan Pedro Díaz de Solís, descubriendo, para nuestro desánimo, que no era más que otra desembocadura y no el paso que atravesaba la inexplorada tierra.

Sin desistir en la encomienda, volvimos a levar anclas y seguir hasta el sur en busca del ansiado paso.

Cuanto más al sur avanzábamos, más penosa se volvía la navegación. El continuo viento del Este nos empujaba hacia la costa con peligro de encallar, la necesidad de alimento y leña provocó que en dos ocasiones las expediciones quedaran varadas en tierra con difícil rescate; los temporales se llevaron a dos marineros, uno de La Concepción y otro de La San Antonio y eran continuas las reparaciones por averías en las naves y los aparejos; no se podían realizar certeras mediciones de posición y aumentaba la certeza en los demás mandos, de la ausencia de ciencia del comandante, quien había iniciado la andadura y había embarcado a su Majestad y a casi trescientas almas, con datos falaces o equivocados, para buscar un estrecho o paso, que no aparecía por muy al sur que avanzara la armada.

¿Si no, por qué explorábamos cada bahía, cada cabo y cada ensenada?, ¿no se suponía que el paso deseado era ese en el que pereció Solís? ¿no tenía datos ciertos, con los que supuestamente había planteado esta gesta? ¿Qué destino pretendía y a qué rey representaba?

A nada contestaba o explicaba y persistía en su juramento de conocer el paso a las Molucas atravesando el nuevo continente y era, esa falta de certeza y explicaciones, la que estaba provocando que los ánimos de sus mandos fueran cayendo y la fidelidad, menguando, con la misma velocidad que los víveres, el agua y el vino.

Llegado el 31 de marzo avistamos un puerto natural de aparente seguridad que como ora la tradición, tomó el nombre del santo del día, San Julián, donde ante la evidente entrada del invierno, nuestro capitán optó por una invernada dando descanso a naves y a hombres.

Entrados en el primer día del cuarto mes ya del año 1520, mandó llamar a una junta de capitanes que se celebraría al día siguiente y a la que solo acudió su sobrino Mesquita, pues el descontento de unos y la intransigencia del otro, había enrarecido las relaciones profundamente.

Esa misma noche, se dio salida a toda esta mala inquina, a través del motín que se había estado fraguando, entre Cartagena, encarcelado desde África y Quesada, que se llevó a cabo, junto con 30 hombres que tomaron nuestra nave y apresaron a Mesquita.

La sinrazón del Comandante, el desconocimiento palmario del destino del viaje y el futuro incierto de nuestra misión, hizo que salvo la oposición de unos pocos, entre los que se encontraban el capellán Pedro Valderrama y el maestre Juan Elorriaga, que fue herido en la refriega, todos depusiéramos las armas y nos uniéramos a este motín.

También se unió a esta sublevación La San Antonio que tenía como segundo a Juan Sebastián Elcano, encargándose después a Juan de Cartagena, el mando de La Concepción y a Luis de Mendoza seguir con el de La Victoria.

El resultado del motín se resolvió sorprendentemente a favor del Comandante, puesto que si uno era severo y obcecado- Magallanes-, el otro – Mendoza- fue tonto y confiado. Con el tiempo y el devenir de nuestra misión, aun desconozco si el plato de la balanza de la Fortuna se inclinó por el lado correcto, pero la necedad de ambos desembocó en tragedia.

¿Qué pretendía Gaspar de Quesada, al enviar la misiva a Magallanes, advirtiéndole con sorna que había confiscado el barco de su sobrino? ¿de verdad pensaba que amotinándose contra tan formidable voluntad, el capitán modificaría el trato a sus inferiores?Lo que se sabía Magallanes era que, ante la provocación, no era posible el pacto con los rebeldes y que había de dar un golpe de efecto y un castigo ejemplar, para lo que planeó el asalto a una de las naves a plena luz del día, cuando nadie se lo espera.

Con las mismas y habiendo dado las órdenes precisas, envía a Gonzalo Gómez de Espinosa, su alguacil y seis hombres aparentemente desarmados, a La Victoria, con un mensaje para el capitán. Entregado el mensaje y mientras era leído, Gómez de Espinosa sacó un puñal que llevaba escondido y saltó sobre el capitán que reía en ese momento, mofándose de la aparente inocencia del Comandante, y con certeras puñaladas al cuello del capitán, era muerto al instante y atracado el barco por otros 15 soldados, que celadamente, se habían acercado y subido a la nave, mientras se operaba la distracción de la misiva.

Muerto el capitán, de aquella forma y tomada sin oposición La Victoria, el resto de las naves se rindieron cuando Magallanes ordenó enceraran a las rebeldes en la bahía, encarando su nave y la recuperada.

Aun así, Quesada intentó pactar su salvación a cambio de la vida de Mesquita, pero este le convenció de la futilidad de su pretensión, recordando a Guzmán el Bueno y que su tío, no podía transigir ante un motín que pretendía socavar su autoridad y además podía volver a repetirse.

Entrada la noche es tomada la tripulación, sin resistencia y apresados los capitanes insurrectos.

No fuimos castigados por Magallanes, no por piedad, pues su alma carecía de ella, sino por propio interés, pues habíamos participado en el amotinamiento de más de cuarenta tripulantes, entre capitanes, maestres y pilotos y desprenderse de nosotros habría condenado la expedición al fracaso y a la vuelta a España, con deshonor también para él, pues,

TEXTO ININTELIGIBLE

No obstante, esa suerte no la corrió Quesada, quien fue decapitado por su fiel criado, a cambio de este de salvar la vida, en un acto de suma crueldad, ni tampoco el cuerpo de Mendoza que tras ser ambos descuartizados, fueron sus cadáveres arrojados al mar. Tampoco Cartagena ni el capellán Sánchez de la Reina, que fueron abandonados a una muerte segura en las frías e inhóspitas tierras a su suerte, pues como Poncio Pilato se lavó las manos frente a la ejecución de Cristo por los judíos, lo mismo hizo Magallanes con la muerte de estos dos desgraciados, quienes, seguro que perecieron de hambre y de frío, porque no se atrevió a ajusticiar al primero, al ser el veedor de su Majestad y al segundo, al ser un hombre santo.

De nuevo son relegados los capitanes castellanos en favor de los portugueses a los que Magallanes creía leales, lo que genera nuevas suspicacias y exacerba el odio a su comandante y segundos, colocando de nuevo a Álvaro Mesquita, en La San Antonio, Duarte Barbosa, en La Victoria y Estevado Gomes, en La Concepción.

TEXTO ININTELIGIBLE

Más de cinco meses permaneceríamos en San Julián, mal hadado el sitio, y durante estos cinco meses reparamos las naves, carenamos el casco, remendamos velas y nos preparamos para iniciar la marcha en cualquier momento.

Pero Magallanes no podía estar inactivo y pese al mal tiempo, al frio y a las condiciones de los barcos, mandó explorar hacia Sur al capitán de La Santiago, Juan Serrano, para que sin apartarse de la costa, navegare en esa dirección.

Tras tres días de exploración encontraron una entrada de agua hacia tierra, y tal era su envergadura que creyeron que por fin habían hallado el tan ansiado estrecho, pero de nuevo lo que hallan es la desembocadura de un gran rio y como Santa Cruz, es bautizado.

AQUÍ EL MOHO Y LAS TERMITAS SE DIERON UN FESTÍN

Convencidos de que no habría rescate por mar, intentan regresar a San Julián por tierra, pero se dieron cuenta de que tenían que cruzar el caudaloso río Santa Cruz, con las fuerzas mermadas debido al hambre y la sed, ideando la construcción de una balsa para cruzar con las pocas maderas que pudieron recuperar del naufragio. Solo dos podrían iniciar el regreso, la madera no dio para más.

11 días tardaron en llegar, 11 días de penuria y mala alimentación a base de hierbas y tras hallar el campamento y contarnos lo ocurrido, Magallanes entiende que este nuevo varapalo solo tiene una solución: recuperar a la tripulación naufragada, para lo que organiza una expedición con 20 hombres a los que les llevan pan, ropa y vino.

De nuevo todos reunidos y reagrupados en las naves restantes, el 21 de agosto volvemos a hacernos a la mar en busca del maldito e inexistente estrecho, pero la mala fortuna y los vientos contrarios nos hacen que volvamos de nuevo a Santa Cruz a invernar otros dos meses más. Y como si no hubiera sido bastante con que el río se tragara nuestro barco, acabó cobrándose dos vidas más por la estancia en sus dominios: la del marinero Diego Barrasa de La Trinidad y la del carpintero Martín de Garate de La Victoria, el primero en una refriega con la tribu de patagones –nombre con el que los designa nuestro capitán- y el segundo cuando intentaba arrancar de sus aguas más restos de la Santiago.

Terminada esa segunda invernada y rumbo Sudoeste, siempre a vista de la costa, el día 21 de octubre se da la señal de la aparición de una larga lengua de tierra que se hunde en el mar: es otro cabo, el de Las Vírgenes, maldito capitán ¡no conocía la ruta al estrecho!

Y seguimos avanzando hacia la gran bahía que se abre ante nosotros y de la que no vemos final, ¿será otro golfo, será otra desembocadura? Y cómo no, el comandante da la orden de explorar.

Decide que nuestro barco permanezca con él en esta nueva desembocadura, mientras envía a las otras naves a adentrarse en ella. Pero como ha sido sino en este viaje, con la armada separada, se desata de nuevo la tempestad y durante más de día y medio perdemos todo contacto con los exploradores. Cuando se calma la mar partimos en busca de las naves o de los náufragos y no es hasta el quinto día cuando se da el avistamiento de las velas de La Concepción y La San Antonio. Tierra de Fuego llamamos a esta región pues habíamos confundido más de una vez el humo que se colaba por las hendiduras de la costa con fogatas de nuestros compañeros, creyéndoles naufragados.

Por castigo a su soberbia o porque nuestro Señor no tenía preparado para él ni siquiera el mérito del descubrimiento, fueron los capitanes Álvaro de Mesquita y Juan Serrano, quienes dieron la noticia y los primeros que divisaron y entendieron que acababan de atravesar el tan deseado canal que comunicaba los dos mares.

¡Lo han encontrado!, ¡lo han encontrado! Y nos relataron que después de tres días de navegación sorteando rocas y mala mar, llegaron a una gran ensenada, que no era un río, pues el agua era salada y no era un canal, puesto que no encontraban el estrechamiento y las sondas no tocan fondo.

El hallazgo nos trajo la esperanza necesaria para afrontar el resto del viaje con tranquilidad a la espera de las anheladas Molucas, donde encontraríamos resguardo de la mar y víveres, cuya escasez era cada vez más apremiante. Este descubrimiento motivó al capitán más en su empeño y le afirmó en la creencia de que por fin se apagarían las voces que volvían a oírse con más claridad a medida que pasaban los días y el esperado paso no se abría. Pero de nuevo volvía a errar en su concepción de la naturaleza humana.

Cuando amanecimos al día siguiente encontramos con que La San Antonio había desaparecido y pensamos que había naufragado o que por alguna razón había buscado puerto cercano. Y buscamos y buscamos, pero todo fue en vano. No lo sabíamos a ciencia cierta, pero la idea que quedó fue que habían desertado. Cuando llegué a España la sospecha se tornó certeza y nos confiaron que fue Estevao Gomes piloto de La San Antonio y aparentemente hombre de confianza de Magallanes y de su sobrino Mesquita, en connivencia con la mayoría de la tripulación, quien se hizo con el mando, aprovechando la noche, hiriendo a su capitán, tornado el rumbo de la nao y emprendieron la vuelta a España.

La moral de la tripulación partió con La San Antonio y con ambas, partió también, la autoridad de Magallanes, quien para excusar dos amotinamientos con deserción y un naufragio, escribió una carta culpando a los ejecutados de los males del viaje, eximiéndose así mismo de cualquier responsabilidad y pidiendo, por primera vez en toda la travesía, consejo por escrito, acerca de la necesidad de continuar o volver, a fin de armar una posible defensa, si los desertores llegaban antes que nuestra armada a tierra española y además conseguían rescatar a los abandonados a su suerte y contaban lo vivido. Supongo que en aquel momento realizaría cierto examen de conciencia y algo de reproche encontraría de sus actos cuando obró con tal diligencia.

¿Y qué recibió? Solo lo que esperaba, respuestas vagas y ambiguas. Pero claro, nuestro Comandante no pretendía otra cosa, si no guardarse las espaldas ante las acusaciones de los desertores o de los degradados, fuera cual fuera el término del viaje.

Pero la decisión estaba tomada y se siguió a toda costa, pese a la prudente contestación de D. Andrés de San Martin, (PARECE QUE LE RELATA LAS RAZONES DE LA RECLAMACIÓN) ..... escribía "la gente está flaca y desfallecida de sus fuerzas, y aunque el presente tiene mantenimiento para sustentarse, no son tantos ni tales que sean para cobrar nuevas fuerzas o para continuar", aunque sabiendo el destino final de su misiva, apostilló que "vuesa merced haga lo que le parezca".

Y así fue, tras casi cuarenta días de navegación llegamos finalmente al Mar del Sur, que se abría a nosotros, tras traspasar, la lengua de tierra que se bautizó como el Cabo Pilares.

SE HA PERDIDO LA TINTA ¡Mar Pacífico! Más parecía que Magallanes invocaba las desgracias cada vez que nos empujaba hacia delante.

Con las bodegas casi vacías, el bizcocho desmigajado y comido por los gusanos, el agua hedionda, la carencia de vino y el arroz racionado y cocido con agua de mar, empezaron a morir hombres y los que resistíamos a duras penas matábamos el dolor de la inanición con aserrín y cociendo los cueros.

Jamás pensé que miraría con lujuria carnívora a las ratas que correteaban por los barcos. Hasta estas escaseaban y eran vendidas a precio de especia.

Nos empezó a atacar un extraño mal, que en el peor de los casos terminaba con la muerte del afectado y que comenzaba con una hinchazón de las encías de tal calibre que parecía que los dientes se salían de la boca. Las extremidades se nos llenaban de pústulas y se amorataban los brazos y las piernas sin que mediara golpe o trastorno. Y luego llegaban las sangrías, la tristeza de espíritu y para los más debilitados, la muerte.

Poca era nuestra ciencia médica, porque no alcazaba a dar una respuesta a este mal continuado y ni la cura de orín con agua de mar servía ya, en los casos más graves. Los marineros caían y solo los mandos resistíamos a duras penas los envites de este mal.

Y a todo aquello se unía la sensación creciente de navegar sin rumbo por un ancho mar, que parecía nos desembocaría, no en las deseadas Molucas, sino en el fin del mundo, tragados por el monstruo marino que devoraba los océanos, pues la ruta al Norte tras pasar el Ecuador no parecía llegar a ninguna parte, y así se lo comenté a Pigaffeta, que estábamos dejando al Oeste las islas que Marco Polo describía en su Millón.

Cuando la situación ya era desesperada y no existían ánimos ni para la rebelión, el Navarro gritó tierra, pero la casi ausencia de vientos, nos retrasó la llegada nueve días más.Como en todo lo acontecido, parecía que Dios nada daba de balde. Pues sí habíamos hallado tierra en la que descansar, reaprovisionarnos y hacer reparación; pero esta tierra que se nos concedía estaba llena de Ladrones.

Cuando los indígenas avistaron nuestras naves, se hicieron a la mar en pequeñas canoas que con pericia y velocidad acercaron a nuestros cascos y con desenfado fuimos abordados y ante nuestra estupefacción procedieron a saquear y robar todo lo que encontraban y se les antojaba, sin temer los estruendos de nuestros trabucos, ni la agresividad de la tripulación. No debían conocer ni el trueque, ni el sagrado mandamiento de no codiciar los bienes ajenos, puesto que nos desvalijaron a su antojo.

Magallanes, cansado y ya con poca paciencia, mandó desembarcar a 40 hombres a los que ordenó que quemaran varias viviendas y tomaran lo que encontraran y quisieran, matando a siete hombres que apenas opusieron resistencia.

Reaprovisionados y sin fondear cerca de la costa, retomamos marcha a las Molucas y fuimos despedidos con piedras por los indígenas a los que acompañaban las plañideras de los difuntos en la refriega, con el deseo de que tanta paz lleváramos como consuelo dejábamos.

Y de nuevo sin rumbo cierto e intentando recabar en algún puerto, cambiamos el destino a dirección Oeste, a ver qué encontrábamos en aquella dirección, que tal y como se iba produciendo la gesta sería la muerte o la gloria o ambas juntas.

Una decena de días navegando con este rumbo y llegamos a una pequeña isla deshabitada en la que desembarcamos para dar de comer a los enfermos, reaprovisionar y descansar. Ordenó el Almirante matar a una marrana que habíamos apresado en la isla de los Ladrones y repartir vino de coco, que parecía un buen remedio para el desconocido mal.

A los pocos días aparecieron una decena de indígenas con ideas pacíficas y con los que compartimos mesa y vituallas, prometiéndonos volver con provisiones y especias que cambiarían por nuestra quincalla.

Y cumplieron con sobrada generosidad lo prometido. Nosotros entregamos las baratijas que llevábamos, sintiendo que engañábamos a los indígenas, puesto que desconocían el valor de lo que nos entregaban a cambio de lo que nosotros dábamos. Fueron muy generosos, no solo en el intercambio, sino en su ciencia pues nos enseñaron el valor del fruto del coco del que sacaban el vino de su interior agujereando el mismo, a hacernos con su carne, a sacar fibras de su corteza y a fabricar aceite con su pan para alimentarnos y proteger la piel expuesta al ardiente sol.

Su jefe, presentado a Magallanes, fue tratado con respeto y deferencia y con el suficiente boato para agradecer el trato amable dado después de tanta calamidad y, tras una reparadora estancia, el 25 de marzo pusimos rumbo hacia el Sudoeste.

Pronto comprendimos que estábamos atravesando un archipiélago y, teniendo esa "iluminada idea" decidió llamarlo San Lázaro, pues de la misma forma que el santo, la expedición había retomado a la vida con su afortunada llegada.

A la noche siguiente divisamos el perfil de una isla de la que salía humo y se distinguía el color rojizo del fuego, señal inequívoca de que estaba habitada.

Ordenó Magallanes el acercamiento y, como en la isla anterior, fuimos recibidos por una pequeña avanzadilla de guerreros en canoa. Esta vez el comandante mandó a su esclavo Miguel para que hiciera que iniciara los contactos, supongo que, al observar la similitud de rasgos con los nativos, esto les daría confianza, quien sin mucha seguridad se dirigió en su idioma natal. Y cuál fue nuestra sorpresa cuando los nativos contestaron con comprensión a lo que el esclavo les había preguntado. La cara de Miguel era un poema, pronto lo comprendió, acababa de regresar a casa.

Cómo es el hombre, jamás pensamos en nuestros inferiores y menos en aquellos a los que consideramos algo menos que humanos, como si su naturaleza comenzara el día que nos fueron vendidos, nunca imaginamos que Miguel antes de ser Miguel fuera otro. Reflexión que deberíamos hacer antes de volver a someter a otro bajo nuestro yugo, puesto que con la fuerza y la sangre mal se hacen los amigos.

Hoy lo pienso y realmente el primer hombre en dar la vuelta al orbe fue Miguel cuando regresó a su patria, pero claro, en aquel momento, quién iba a pensar en el final de nuestro camino.

Desconfiados nosotros y ellos, ambos mantuvimos nuestros mutuos barcos alejados. En un alarde de diplomacia, fue nuestro capitán quien obsequio a los indígenas primero, enviando, atados en tablas, baratijas de las que portábamos para el trueque.

Haciéndose con ellas los de las canoas, volvieron a la isla para regresar unas horas después con quien supusimos que era su rey, quien mandó a sus hombres subir a nuestra nave y cuando la hubieron examinado él accedió a acompañarnos.

Portaba para Magallanes jengibre y una barra de oro puro como regalo. Sorprendido por la generosidad del indiano, el capitán rehusó quedarse con el regalo a fin de no parecer codicioso, pero lo hizo con tan buenas palabras y modales, que el monarca isleño partió agradecido y en buenas relaciones.

No es necesario extenderse en la narración del encuentro con dicho rey y la diplomacia que en este caso desplegó el portugués, puesto que con detalle ya lo realizó Pigaffeta en su propio derrotero. Solo decir que tal fue la admiración mutua que se procesaron, que se convirtieron en cassicasi.

No se sabe si con la intención de hacer un alarde de poder o para agasajar a su noble invitado, tuvo la brillante idea de descargar salvas con los arcabuces, provocando pavor entre el rey y su corte. También mostró en un alarde de poderío, el valor de sus soldados; ordenó a uno que vistiera su armadura e invitó a los indígenas a que le golpearan cuanto quisieran para ver si eran capaces de llegar a arañar el metal.

El mensaje era claro: debían de ser aliados de Magallanes, pues cualquiera de sus soldados valdría, lo que 100 guerreros nativos.

Después de eso envió con el rey a Pigaffeta y a otro hombre para que inspeccionaran las viviendas y almacenes en busca de las afamadas especias.

De lo acontecido en su desembarco de nuevo da cumplida cuenta el escribano en su diario. Como no viví dicha experiencia, malo es que de mi mano quede reflejo de ella.

El domingo siguiente, una vez asentadas las relaciones, se nos permitió a los demás desembarcar para celebrar la Santa Misa del Domingo de Ramos, que más fue, una nueva manera de demostrar poder frente a los jefes tribales (de más estuvo la traca de artillería disparada en el momento de la consagración), que una celebración eucarística y junto con nuestros salvajes anfitriones compartimos y celebramos las recién creadas relaciones.

Tanto fue así, que Magallanes después de hablar de lo divino (su dios y el nuestro) y de lo humano (amigos y enemigos del monarca), prometió a este que "iría con sus barcos a destruirlos –a estos últimos- y someterlos a su obediencia" con la intención de forzar aún más los nuevos vínculos. La respuesta no se hizo esperar, el rey señaló como enemigos a los pobladores de dos islas cercanas y Magallanes prometió la ayuda de su Majestad a la vuelta de la gesta.

Nos dejó a todos sorprendidos con aquella promesa, porque además de que no estaba facultado para hacerla, ¿a quién se le ocurría declararse enemigo de quien no conocía y poner en riesgo las futuras relaciones que la corona castellana pudiera tener? Pero a más corto plazo, ¿no recordaba Magallanes que debíamos navegar entre estas costas y que nada sabíamos de los habitantes de las siguientes y de la potencialidad de sus ejércitos? ¿Pretendía mandar a la lucha a una tripulación cansada, enferma y mermada, por el agotador viaje buscando un incierto estrecho?

Creo que se vio cegado por el brillo del oro con el que comerció con los indianos.

Seguimos nuestro camino por las intrincadas rutas con honda preocupación, por parte de los pilotos, pues, como el canto de Sirenas, la belleza del paisaje recorrido escondía bajo sus aguas, rocas y peligrosos bajíos y cierta sensación de euforia por la placidez del tiempo y la abundante compañía femenina.

Y así, llegamos a la isla de Cebú, donde entramos en su puerto como si fuéramos a plantar batalla. Las banderas desplegadas, bajadas las velas y disparada la artillería. Causamos la impresión esperada: el temor en los indígenas, pese a la apariencia de civilización e intenso contacto con pueblos distintos, que aparentaba su puerto.

Habíamos averiguado que, de las islas avistadas, este era él de mayor importancia y su rey gozaba de mejor posición respecto de los demás. Además la aldea, pese a lo dispar con las construcciones europeas, destilaba elegancia y riquezas y sobre todo poseía un puerto en el que estaban atracadas infinidad de canoas y embarcaciones de otras regiones, dispuestas para hacer tratos y negocios.

Todos nos dimos cuenta de que este rey no se conformaría con abalorios y quincallería. De hecho, pretendió cobrar peaje por el fondeo en su puerto, tributo, al que obviamente, nuestro capitán se negó aduciendo que este solo pagaba al mayor y más poderoso rey del mundo y aconsejó al monarca que se abstuviera de exigir peaje a su enviado, es decir el propio Magallanes, pues veníamos en son de paz, pero si quería guerra también llevábamos guerra.

Como el rey de Cebú conocía de los tratos de los portugueses en las tierras vecinas y la forma de dominación y de control de las rutas que estos tenían, accedió a pactar con el Comandante, quien solo había puesto como única condición para la alianza española, el comercio en exclusiva.

ENTRE LA TINTA PERDIDA, EL MOHO NEGRO QUE DECORA ESTOS DOS PÁRRAFOS SOLO ENTENDIMOS ALGO DE UNA TRETA DE MAGALLANES CON LOS ABALORIOS

Creyendo que la táctica de "bautizo o muerte", había dado buenos frutos, la practicó en las demás islas a las que nos acercábamos, quemando las casas de los poblados que se negaban a la nueva conversión. Yo muchas veces me preguntaba, cuántos de aquellos nuevos cristianos durarían cuando partiéramos hacia Castilla.

Habíamos pasado de la sinrazón de la búsqueda, a la sinrazón de la conquista, tomando partido en los enfrentamientos de los pequeños caciques sin pensar en las consecuencias y sin conocer el trasfondo de las mismas.

Pienso a veces que Magallanes pretendía afianzar su propio poder entre aquellas gentes del archipiélago, más como protección contra las represarías de su Majestad por el abandono de Cartagena y Sánchez de la Reina en la isla, que por realmente fijar un puesto de avanzadilla del poder real de nuestro Emperador.

Magallanes con sus actos se había convertido en un hombre sin patria, rechazado por su monarca de nacimiento y contraviniendo desde el principio las órdenes del de adopción y se había convertido en casi en un proscrito. Supongo que en su retorcida mente, el comandante pensó que podría usar la influencia y las relaciones que ahora estaba forjando, para lograr la posición que estaba seguro había perdido. Pero de la misma manera que se destapó como un penoso marino, se reveló como un funesto diplomático y estratega.

Intentando someter al jefe de la isla de Lapú, cuya aldea había sido antes masacrada por Magallanes, por negarse a la conversión, fue engañado por los demás jefes de las islas cercanas, que lograron arrancarle la promesa de poner a su disposición a los soldados de nuestra armada para resolver las rivalidades entre los jefes tribales.

¿Qué le llevó a tomar la decisión de llamar a combate a sus hombres?, ¿por qué puso en ese trance a su propia tripulación, llevándola a batallar cuando apenas unos días antes acababan de morir otro por el mal que nos comenzó a atacar en cuanto cruzamos el paso al Mar del Sur?.

Aun con miedo a las represalias, le advertimos que aquella situación parecía una celada, y que si estaba en sus cabales o el fervor religioso le había secado el cerebro con tanta pleitesía indiana.

Había olvidado el verdadero destino de la misión: la isla de las Especias y hasta ahora por lo que sabíamos, aún no habíamos llegado a ella.

No se paró a reflexionar con que fuerzas contaba el enemigo, dónde se emplazaría el campo de batalla, qué armas tenían o a cuántos hombres mandarían.

Comprendimos el error de la estrategia, cuando rechazó la ayuda del príncipe Sula y se ofreció él mismo a encabezar las fuerzas, y puso al servicio de un caciquillo indiano a las tropas de nuestro emperador.

Las consecuencias de esta decisión fueron funestas: dirigidos a la batalla como un perro tras un hueso, el pequeño guerrero rebelde llevó a Magallanes allá donde quiso. Debió de estudiarnos los días que permanecimos en las islas y conocía del carácter soberbio del jefe de la armada y con ello jugó para provocarle y conducirle a su terreno.

Cuando, tras mandar el mensaje de rendición, que en otras ocasiones tan aparente éxito había tenido, el jefe rebelde negó el sometimiento y además solicitó que se pospusiera el combate a la mañana para que llegaran los refuerzos. Magallanes en vez de pensar que era una trampa, pues nadie es tan inocente para advertir de sus escasas tropas, creyó que había sido la falta de experiencia y de inteligencia del enemigo, en vez de una provocación para obligarle a luchar sin luz y en un campo de batalla desconocido y que como se demostró después estaba lleno de trampas.

A ello se le unió la errónea decisión de ordenar permanecer a los barcos lejos de la orilla, dejando a los hombres desprotegidos y solos, tan lejos que las flechas de las ballestas no llegaban a la orilla, no podíamos flotar con rapidez barcas de salvamento, en el caso de necesitar rescate.

Tuvieron que atravesar andando, desde el lugar de desembarco hasta la playa, por el agua con las pesadas armaduras, con el poco movimiento que les permitían y, prácticamente, no habían puesto los pies en ella, cuando un enjambre de guerreros se abalanzó contra los 40 hombres enviados junto con los que se encontraba el comandante. Pigaffeta nos relató después que creía que habría unos 1500 nativos y que desde luego no eran débiles guerreros, apenas vestidos y sin preparación, sino que eran aguerridos soldados armados de pequeños escudos y fuertes lanzas terminadas en puntas de hierro y piedras, con las que atacaban continuamente a los mermados hombres que apenas podían defenderse de los constantes embates.

Superado Magallanes y su tropa, intentó amedrentar a los guerreros dando la orden de quemar uno de los poblados, pero lo único que logró fue verse acorralado en otra trampa, donde le esperaban más de 50 soldados fuertemente armados que lograron dividir al contingente europeo y dejar desprotegido al comandante y a unos pocos leales.

Comprometida la misión, Magallanes, dio la orden de retirarse, sin que él pudiera cumplirla, porque fue herido en una pierna con una flecha envenenada y tras perder fuerza y verse rodeado de enemigos, fue masacrado por ellos.

Finalmente ayudados por algunos guerreros cebuanos, que hasta ese momento se habían mantenido al margen, por orden de Magallanes, los supervivientes, lograron subir a las barcazas, pero nos vimos en la penosa necesidad de abandonar el cuerpo del que fue el Comandante de la primera armada que circunnavegó el orbe terrestre.

Pese a todo, la estela de la decisión de Magallanes nos perseguiría aun y fuimos traicionados por aquellos que llamábamos amigos.

Lo primero que se decidió, fue nombrar a otro comandante y, en votación se eligió a dos en vez de a uno, Duarte Barbosa y Juan Serrano.

De vuelta a la isla de la que habíamos partido, las calamidades continuaron. Miguel, fiel esclavo del fallecido comandante, tornó sus lealtades hacia los nativos y, conspirando con quien había profesado fe y amistad a la flota europea y al fallecido Magallanes, urdió un plan, en el que cayeron los dos nombrados jefes, más nueve hombres de la expedición, en una orgía de salvajismo y sangre. Uno para vengarse de una vida de esclavitud y el otro para ganarse la gracia de los vencedores del gran guerrero y de su invencible flota.

Desde la distancia del tiempo y ya en casa esperando para volver a embarcar, me asombro de la poca perspectiva mostrada por el fallecido Comándate en todo el asunto insular: no era consciente de que aquella plaza era un lugar de intercambio normal de mercancías, que con anterioridad, seguro que se enfrentaron a quien con los mismos argumentos pretendieron su control y sumisión. No se dio cuenta, el fallecido Comandante, de que la violencia solo engendra violencia y que se tomarían revancha, todas aquellas poblaciones a las que habíamos sometido y humillado, puesto que no me cabe duda de que todos se aliaron para hacer caer Magallanes en la trampa de su propio orgullo, forzándole a la batalla y uniendo sus fuerzas para dar un castigo ejemplar.

Que más contar, solo señalar que de no haber sido por Elcano, quien logró volver a la querida patria, la gesta emprendida hubiera quedado oculta por otros intereses y ejércitos, quienes nos quisieron dar caza para ocultar que, aun después de todo, Magallanes descubrió el paso entre la nueva tierra y el Mar del Sur y, que fue gesta española la de circunnavegar de Oeste a Este el orbe Terrestre.

No crea su majestad que, tras la muerte de Magallanes, nuestro capitán Elcano, fue declarado como tal, sino que fueron una serie de decisiones y votaciones en las que no se empleó ni la justicia, ni los méritos, para otorgar el mando, los que llevaron finalmente a este a la cabeza de la misión.

Se eligió primero a Duarte Barbosa, junto con Juan Serrano, y uno murió durante el banquete preparado por el rey de Cebú, y el otro fue abandonado a su suerte, por quien después sería nuestro capitán y en ese momento su querido amigo, Joau Lopez Carvalho.

Cuando abandonamos la isla otra desgracia nos aconteció, pues debimos quemar La Concepción, porque no podía continuar la aventura, porque los gusanos habían comido casi su casco y el agua entraba sin control.

Esta situación nos llevó de nuevo a votar otro comandante. El cargo recayó en López Carvalho, quien se había revelado como un ser corrupto y depravado, que aceptó sobornos, poniendo en peligro no solo la misión, sino nuestras propias vidas, porque tomaba mujeres y esclavos para su propio placer. Por esta y otras razones, fue depuesto sin oposición alguna, cuando, por su avaricia, casi nos lleva a sufrir otra masacre como la que acabó con nuestro primer comandante.

Pero no acaba con él, el desfile de capitanes generales. Tras este, asume el mando de la nao capitana, Martin Méndez y con Elcano capitaneando La Victoria, quien de nuevo se ve relegado a un segundo plano por carecer de fama y sociedad y porque como dice el refrán "unos cardan la lana y otros se llevan la fama", pues a él le tocó dirigir la misión, sin el título, puesto de nuevo el líder elegido, se destapó carente de inteligencia para ello.

Solo en la isla de Tidore pudimos recuperar un poco la paz y el alimento que nos faltaba y con mucha distancia disfrutar una vez más de la calidez de lo indiano, siempre ojo avizor de descubrir alguna trampa.

Pero de nuevo cuando salíamos de Tidore, con rumbo a las Molucas, una gran vía de agua se abrió en La Trinidad y hubo que dejarla en isla hasta acabar las reparaciones que llevarían al menos un par de meses.

Muchos de los tripulantes no quisieron seguir en La Victoria y prefirieron quedarse en esta tierra paradisíaca a la espera de acabar con los arreglos o pensando, seguramente, quedarse en tan placenteros lugares y solo unos pocos, entre los que se encontraba El Elcano, comprendimos la necesidad de terminar lo que habíamos empezado y finalizar la desgraciada gesta a como diere lugar, portando en nuestras arcas lo que pudimos cargar y sobre todo dando testimonio de lo acaecido y otorgar el descubrimiento del estrecho a su verdadero, pues no hay que negar que el tesón y su creencia, casi fanática, en la existencia del mismo, nos hicieron llegar, cuando otros habrían desistido y vuelto.

Y fue en ese momento con un solo barco cuando nadie quería hacerse a la mar por un camino ignoto y sin más guía que las estrellas, cuando Elcano se tornó como el gran capitán que era y con gran esfuerzo y más penurias, nos trajo de vuelta a casa, sorteando, además a la armada portuguesa, que se había echado a la mar tras nosotros para interceptarnos, a fin, no solo, de que no descubriéramos el ansiado paso, sino de que no reveláramos el comercio ilegal de especias que venía realizando desde los puertos de las Molucas en detrimento de nuestro reino.

Por ello, no ha de dudarse de la lealtad a la corona de quien nos devolvió a casa, ni juzgar a través de los ojos del sobresaliente, quien solo le fue fiel a su propia naturaleza, puesto que no dudó en revelar con grados y minutos, datos que deberían haber sido solo para los oídos de su majestad y que bien se jactó de gritarlos a los portugueses y francos, enemigos naturales y verá su majestad como seguramente contrate a un amanuense para que transcriba sus desventuras tantas veces como le paguen por ello.

Este es el relato de mis propias vivencias, juro que es la verdad de lo que yo pasé y acontecí y sírvase este testimonio como descargo de cualquier acusación para el Capitán Juan Sebastián Elcano.

LA FIRMA PARECE LA DE MIGUEL RODAS

Demoler la sombra

POESÍA, MEMORIA Y VOCES DE MUJERES.
POR **DIANA G. BUJARRABAL**
ILUSTRACIÓN DE JAVI COHEN

"Hay que ir demoliendo,/ poco a poco, la sombra/ que vemos. Que nos dieron./Que nos dijeron: <<eres>>" (...) Lo decía la poeta sevillana Julia Uceda en su poema 'La caída' escrito en los años 60, y en eso estamos todavía hoy. En demoler la sombra que envuelve las voces de las mujeres, su poesía, en un manto de oscuridad y silencio. Fue una tarea a la que contribuyó de manera decisiva la propia Uceda, fallecida este pasado mes de julio a los 98 años con el ánimo de la escritura intacto (publicó hasta el final de su vida). No en vano fue la primera poeta galardonada con el Premio Nacional de poesía en el año 2003.

Sí. A algunas todavía nos sorprende. Pero hasta 2003 no se había otorgado este reconocimiento a ninguna de las poetas que han ensanchado la mirada de nuestra literatura en los últimos más de cien años en nuestro país... No obstante, ¿quién conoce a Uceda más allá de las poetas y las estudiosas? ¿Dónde están los homenajes y el luto popular?

Es espesa la sombra. Escurridiza. Difícil de de aprehender y demoler. Y, sin embargo, arde en el fuego la verdad de los versos, fuera de la caverna masculina y platónica, y a cualquiera que escuche alcanza la llamada: "Es urgente bajarse/de los dioses (...)"

Durante muchos, muchos años, han sido alimentados esta sombra y esos dioses a los que alude la poeta y que son, sin duda, los del patriarcado, uno de cuyos fundamentos es precisamente la exclusión de las mujeres. Su reclusión en el espacio privado y doméstico, su dedicación total a la reproducción, un ámbito donde la poesía, esto es, la creación, no puede darse. O al menos no genuinamente. Es ser objeto, no sujeto. Musa. Es Telémaco mandando callar a su madre Penélope en la Odisea. Es la propia Penélope condenada a la espera del héroe. A hacer y deshacer.

La sombra, ya lo sugiere Uceda, solo puede ir demoliéndose poco a poco. Su extensión es de siglos, lo mismo que su mentira. Y hace falta explorar, tantear con las manos y con todo el cuerpo para cerciorarse de que siempre estuvimos las mujeres, pese a todo y al margen, hablando y cantando nuestros versos. Desde Enheduanna, la sumeria que firma la primera obra literaria conocida por la humanidad, hasta nuestros días; pasando por la místicas del siglo XIII, o las escritoras del XIX en España y fuera de nuestras fronteras, recuperando así el hilo de nuestras voces y aquella certeza que proclamó Adrienne Rich: nacemos de mujer. Y no, pese a las restricciones a las que hemos estado sujetas, no son ni fueron excepcionales las mujeres que escriben; pero sí se nos han hurtado su historia y su memoria.

Afortunadamente, son muchas (y algunos pocos) los que en los últimos tiempos se han dedicado de una u otra forma a recuperar esta memoria de las mujeres, y en concreto de las mujeres poetas. En primer lugar es obligado mencionar la labor de la editorial Torremozas, que se especializó en literatura escrita por mujeres y especialmente poesía en 1982, hace más de 40 años, cuando aquello era una absoluta rareza. A su iniciativa y al empeño y cuidado de su fundadora, Luz María Jiménez Faro, debemos un catálogo extraordinario y la recuperación de valiosísimas voces de poetas españolas e hispanoamericanas. Su labor, desde el campo de la edición, ha resultado fundamental y precursora.

Y es que no es raro, no lo fue durante todo el siglo XX, que las poetas cosecharan éxito a la hora de publicar sus poemarios. Éxito de público e incluso reconocimiento crítico. Y, sin embargo, las normas (masculinas) del campo de literario hacen que no logren entrar en eso que se ha dado en llamar 'el canon' y arroja sobre ellas la primera pátina de sombra: no se las valora, no se las menciona, no salen en los libros de textos y sus obras se agotan y no se reeditan. Las nuevas generaciones no pueden, por tanto, acceder a sus poemarios y no las pueden leer. Más sombra para el acervo cultural de todos y todas, y para las escritoras jóvenes que se sienten solas, perdidas, sin referentes, como si siempre empezaran de cero en un eterno retorno. Así funciona el mecanismo perverso del olvido y por eso resulta tan importante esta labor de recuperación editorial que, poco a poco, está rompiendo esta secuencia. Poco a poco, como dice Uceda, pero también con mejoras evidentes en los últimos años en los que se ha recuperado, por ejemplo, a las poetas del 27, como Concha Méndez, Margarita Ferreras, Josefina de la Torre o Ernestina de Champourcin; años en los que hay un interés institucional, pero también del público lector, cada vez mayor; y hasta se celebra un Día de las Escritoras (16 de octubre); en los que a la nómina de Premios Nacionales se han sumado, junto a Uceda, Chantal Maillard, Olvido García Valdés, Francisca Aguirre, Ángeles Mora, Antonia Vicens, Pilar Pallarés, Olga Novo, Miren Agur Meabe, Aurora Luque y Yolanda Castaño, reequilibrando así levemente la balanza y reflejando además un panorama que no solo es más igualitario, sino también más rico y diverso, pues estas mujeres articulan voces poéticas muy diferentes entre sí.

También a esta tarea nos hemos sumado desde 2015 en la asociación feminista de mujeres poetas Genialogías con una colección puesta en pie junto con la editorial Tigres de Papel con la que recuperamos libros fundamentales de nuestras poetas. Nuestra colección cuenta ya con 14 títulos publicados de autoras como Juana Castro, Ángela Figuera Aymerich, María Victoria Atencia o Elisabeth Mulder. Y hemos promovido también el informe Descubrir lo que se sabe, coordinado por Nieves Álvarez, y actualizado sucesivamente; un trabajo que ha contribuido a incrementar la paridad en los jurados de los premios financiados con fondos públicos, dando así cumplimiento a la Ley de Igualdad. Poco a poco.

«Y no, pese a las restricciones a las que hemos estado sujetas, no son ni fueron excepcionales las mujeres que escriben; pero sí se nos han hurtado su historia y su memoria.»

Junto con la labor editorial y la denuncia que hacemos desde el asociacionismo en Genialogías y otras organizaciones hermanas, como Clásicas y Modernas, para socavar los fundamentos de la sombra es fundamental referirse a la labor crítica. Paradigmática es en este ámbito la antología Ellas tienen la palabra publicada por Noni Benegas y Jesús Munárriz en 1997 que recogía una nómina de 41 autoras nacidas a partir de 1950. Entonces ya eran fundamentales y el tiempo las ha reconocido aún más. Dos décadas después, en 2017, con el canon ya resquebrajándose en parte por el impacto de esta publicación, el Fondo de Cultura Económica reeditó el estudio preliminar de Benegas junto con algunos otros materiales esclarecedores. Su punto de vista, al relacionar la invisibilidad de las mujeres con el concepto de 'campo' sociológico de Pierre Bourdieu, ha supuesto un antes y un después. Y a

Julia Uceda. Foto: Zenda

este campo, ahora expandido, ya no se le pueden poner puertas.

Pero no habría manera de demoler la sombra si no fuera de la mano de las propias escritoras que se han aplicado a "destruir esos <<yo>> que nos presentan/ una hilera de sombras agotadas", recurriendo de nuevo a las palabras del poema de Uceda. Una de las aportaciones diferenciales de la poesía de las mujeres es la exploración de una identidad femenina ajena a los moldes y mandatos sociales, que viene la mano de la reflexión sobre el cuerpo (ese campo de batalla de los significados y significantes, especialmente para nosotras); además de introducir y poner en valor nuevos temas y puntos de vista asociados a las experiencias femeninas, a menudo desacralizadores y alejados de toda épica. Podemos explicarlo también con el concepto de libertad femenina que enarbola y defiende hermosamente Nives Muriel en sus estudios sobre la escritura de las mujeres. Una libertad femenina que se afirma distinta, exuberante, creativa y multiforme frente a los moldes rígidos y los estereotipos del patriarcado. Las mujeres reales, las poetas, nunca cupieron ahí.

Bien lo dice Carmen Conde en su Mujer sin Edén (1947), qué marcó época e influyó enormemente con su relectura de la Eva bíblica, una Eva que ahora es capaz de pedirle cuentas al mismo Dios: "Para verte a ti mismo me has nacido./ Por no estar solo con tu omnipotencia./ Soy la nada, soy de tiempo, soy un sueño.../ Agua que te fluye, hierba ácida/que cortas sin amor.../Tú no me quieres".

Esta relectura y reescritura de los mitos y de las figuras femeninas tradicionales es uno de los leitmotiv de la poesía escrita por mujeres; una rebeldía que ya venía resonando desde hispanoamerica, como cuando Juana de Ibarbouru proclamaba aquello de "Caronte: yo seré un escándalo en tu barca", pero en el que se ahonda desde entonces y que se extiende a través de las sucesivas décadas; porque es mucho lo que hay que reescribir. Así, están también Paca Aguirre y su Ítaca (1972), con su particular Penélope: "En la noche fui hasta el mar para pedir socorro/ y el mar me respondió: socorro (...)"; Ana Rossetti en los juegos irreverentes que plantea en Los devaneos de Erato (1980) como cuando dice en 'El Jardín de tus delicias': "Flores, pedazos de tu cuerpo;/ me reclamo su savia./Aprieto entre los labios/ la lacerante verga del gladiolo"; Juana Castro en Narcisia (1986): "Como la flor madura del magnolio/era alta y feliz. En el principio/solo Ella existía. Húmeda y dulce, blanca(..); y aún hoy Chantal Maillard en Medea (2020): "Maté a mis hijos, sí. O esa fue/la historia que os contaron". Reapropiándonos del discurso vamos diluyendo la sombra que hasta ahora nos hablaba. Se hace también desde otras latitudes y otras lenguas. Por ejemplo, Anne Sexton, quien deconstruye en Transformaciones (1971) los cuentos de hadas y se ríe de sus finales felices, o más recientemente Lousie Gluck, que revisita a Perséfone en Averno (2006) o, por supuesto, la erudita y original Anne Carson, tan celebrada en España últimamente (ganó el premio Princesa de Asturias en 2020).

En Norma Jean Baker de Troya, (2021), por ejemplo, nos habla de Helena de Troya a través de la figura de Marilyn Monroe y, con ambas, de la destrucción, la lucha, la belleza y la violencia contra las mujeres.

La libertad femenina supone fundar un orden simbólico nuevo y la poesía es, tal vez, una de las mejores herramientas para alzarlo. "Y dejarse caer sobre el principio / de la vida. O del sueño", continúa el poema de Uceda.

Una vez caídas en este "principio de la vida" que es todo el tiempo "vida presente", que carece de guión prescrito por el pasado o de designio hacia el futuro, podemos atrevernos con total y absoluta libertad (libertad femenina) a decirnos. Ya no hay sombra. Y aunque es, lo hemos visto, todavía un sueño, aún parte de la tarea pendiente, tampoco es menos cierto todo lo avanzado. Hoy, mirando en derredor, son muchas las poetas que recogen el testigo y escriben con voz propia, reflejando este mundo nuestro cada vez más hibridado de lenguas, países, formatos y géneros; explorando los límites del lenguaje o las formas coloquiales; introduciendo otros temas. El presente es Miriam Reyes, que dice en Bella Durmiente (2004, Hiperión) "Mi casa es este cuerpo que parece una mujer/ no necesito más paredes y adentro tengo/ mucho espacio:/ese desierto negro que tanto te asusta". Es Eva Gallud en Raíz de Ave (Ya lo dijo Casimiro Parker, 2018) cantando a la amistad y la furia cuando dice "hermosas deben de ser las benévolas" y luego "dentro del vientre viento/ huracán de uñas llevan dentro/ las benévolas"; es María Ángeles Pérez López sacándonos las vergüenzas en el Libro Mediterráneo de los muertos (Pretextos, 2023): "Arden el mar y los campos de Moria. Arden los alfabetos de la infamia, las oraciones rotas de los dignos. En la noche en la que arde el sol de Europa, noventa y nueve estrellas de mar duermen sobre la playa en una funda". O Paloma Chen denunciando prejuicios que se suman al mero ser mujer: "para incontables blancos occidentales, eres:/ una puta china/ una china prostituta/ su rito de masculinidad adulta/ su primera vez/ inolvidable y/ desastrosa/ incontables mujeres/ en algunas ciudades/ tenemos pánico/ a que nos saluden". Es Olga Novo cantando con entusiasmo a la vida nueva que se forma: "porque ¿acaso/no teme el poder acaso la célula madre/de la alegría?" y también María García Zambrano cuando entona la ira que en ocasiones sienten las madres: "Que aprendáis a llorar el día breve/ que enfermen vuestras hijas/ y no sepáis/el nombre exacto pare el miedo". Son todas ellas y también otras como Berta García Faet, fresca y desbordadísima en su inspirada Corazonada (La Bella Varsovia, 2023): "La idea es que esto no ha acabado:/ diez años después de este poema,/ quién sabe qué nombres habremos usurpado/ para nombrar lo mismo".

> **«La libertad femenina supone fundar un orden simbólico nuevo y la poesía es, tal vez, una de las mejores herramientas para alzarlo.»**

Diez años después de ese artículo nos quedará aún por hacer y demoler, y seguiremos, qué duda cabe, usurpando los nombres que hagan falta, y escribiéndolos y creándolos del todo nuevos para nosotras. Y ese "lo mismo" que es la misma ilusión, y es el amor a las palabras, a la poesía y a nosotras mismas, nos seguirá impulsando.

LA CAÍDA

Hay que ir demoliendo,
poco a poco, la sombra
que vemos. Que nos dieron.
Que nos dijeron: «eres».

Hay que apretar las sienes
entre los dedos. Hay
que asentir a ese punto
-comienzo, duda o hueco-
que yace dentro.

Y es preciso
que en una noche todo arda
-el «eres», el «seremos»-
y un terror polvoriento
nos muestre su estructura.

Es urgente bajarse
de los dioses. Tomar
el fuego entre las manos.
Destruir esos «yo» que nos presentan
una hilera de sombras agotadas.

Y dejarse caer sobre el principio
de la vida. O del sueño.
Ser solamente vida
presente. Sin recuerdo
de ayer ni de mañana.

Julia Uceda, Extraña Juventud (1962)

Contra Cuento

POR
ROSA RIBAS
DAVID ROAS
NATALIA MONJE
MÓNICA GUTIÉRREZ
ILUSTRACIÓN DE MEIK

Le hemos pedido a cuatro autores un cuento partiendo de la siguiente premisa:

Estamos en otoño, y nos encontramos con un edificio en el que existe un negocio tan antiguo como el propio tiempo, que parece que ha formado parte del paisaje al que mirabas sin ver o que puede nunca hubiera estado allí hasta ahora.

Está al final de un callejón empedrado y estrecho donde la luz del sol apenas roza sus paredes y donde crece el musgo y una vegetación exigua pero verde que se asoma entre los huecos de las piedras, aceras y adoquines.

Cuando entras todo parece como siempre estático, eterno, atemporal, pero al mismo tiempo familiar.

CORRE, CORRE, CORRE

ROSA RIBAS

—Tenemos que tomar por fin una decisión, hija. Ya han pasado cinco meses.

La llamada me pilló con la guardia baja y fui incapaz de darle cualquier excusa. En verano habían sido las vacaciones, el viaje, la necesidad de descansar al final de un año académico, que había sido complicado, porque ahora soy la directora de departamento, y hay tanto que gestionar, ya sabes. A principios de septiembre no era posible por el inicio del curso escolar, es el primer año para la pequeña, y hay adaptarse a la nueva rutina, ya sabes. La semana siguiente la disculpa era que yo también empezaba el trimestre en la universidad, mucho trabajo, mucho papeleo, los alumnos, ya sabes.

Pero en esa llamada mi madre me preguntó si tenía planes para el puente de las fiestas de la Mercè. I no, no lo tenía. Ni fui capaz de inventármelos.

—A ti nunca te han gustado mucho las fiestas populares —añadió y me recordó cómo de pequeña casi tenían que arrastrarme a la Fiesta Mayor del pueblo.

—Pero Sant Joan sí que me gustaba.

Ella se rio al teléfono.

—Tú, con tal de ver arder cosas viejas... Entonces, ¿subes el viernes?

No había escapatoria.

—Cogeré el tren de la mañana.

Y le prometí también quedarme por lo menos el sábado.

Como era una decisión que debíamos tomar entre las dos, dejé a mi marido y a las niñas en Barcelona planeando todo lo que iban a hacer ese fin de semana "de Rodríguez" y me marché al pueblo. En tren, no solo porque tardaba más, sino que confiaba en poder pensar con tranquilidad durante el trayecto, aclarar mis ideas, quizás incluso poder tomar la decisión que llevaba postergando desde la muerte de mi padre en mayo. "Ya han pasado cinco meses."

A la única conclusión que llegué mientras contemplaba el paisaje por la ventanilla fue que tales decisiones habría que reservarlas para las estaciones duras, que habría que tomarlas con el ánimo encallecido por la crueldad del invierno o con la desgana y la indiferencia que deja la pesadez irritante del verano. La primavera, al contrario, nos vuelve demasiado optimistas, hace que nos creamos las promesas, que confiemos en que las cosas van a ir bien. El otoño era el más peligroso, nos ablanda con una pérfida suavidad, nos arrastra, sin que nos demos cuenta, a la melancolía y abona el terreno a la nostalgia, que en nuestro caso era, sin duda, el enemigo a batir.

¿Qué hacer con el edificio que había sido la casa familiar durante tres generaciones? Una casa antigua de pueblo con un colmado en la planta baja y la vivienda en el primer piso. Tres generaciones habían vivido allí. Me corregí: tres generaciones habían trabajado allí.

Mi bisabuelo Jaume había fundado el colmado y le había puesto su sonoro y prometedor nombre: La Abundancia.

Mi abuela Remei, su única hija, nacida en 1923, el mismo año en que se abrió la tienda, fue quien hizo realidad lo que el nombre prometía, llevando las estanterías de madera oscura hasta el techo y llenando hasta el último centímetro disponible de todo tipo de viandas. Viuda desde los treinta años, con un hijo pequeño a su cargo, dirigió con mano de hierro el negocio y a los dos empleados, Eusebi y Quim, a los que recuerdo como dos ancianos que de vez en cuando pasaban por el colmado para hacer sus compras.

Como si todo hubiera sido planeado por la voluntad de un dios *botiguer*, mi padre terminó la escuela justo en el momento en que Eusebi, el mayor de los dos dependientes, se jubilaba, de modo que heredó el puesto, aunque no la bata que llevaban los empleados del colmado, ya que Eusebi se la quedó como recuerdo de los años de trabajo, que también se le recompensaron con precios especiales en sus compras. Autoritaria a la vez que generosa, mi abuela ejercía un matriarcado modélico.

El dios de los tenderos siguió moviendo los hilos cuando mi padre conoció a mi madre. Quim, el otro dependiente estaba también a un paso de la jubilación, y mi abuela le ofreció a la novia de su hijo un trabajo en el colmado. A veces mi madre contaba, en el tono bromista con que se suelen narrar las historias importantes y dolorosas, que para poder entrar en la familia tuvo que pasar el período de prueba en la tienda, como una aprendiza, y que, hasta que la futura suegra no le vio dotes y ganas, no dio el visto bueno a la boda. Mi madre subía el tono jocoso unos grados más cuando añadía que estaba convencida de que, sin la aprobación materna, por más que en ese momento ambos estuvieran enamorados, no habrían llegado a casarse. Esta era una de las historietas que se contaban en las reuniones familiares, incluso mientras la abuela todavía vivía. Mi madre la remataba dándole unos golpecitos en los muslos a mi padre, quien entonces negaba con vehemencia, sin que eso ni las carcajadas de los que escuchaban el cuento lograran cubrir el dolor que mi madre había envuelto tan cuidadosamente en una anécdota graciosa.

Yo rompí la cadena generacional. Mi madre se encargó de ello. Estudia, estudia, estudia, era su consigna, a la que mi padre, que siempre respetó a la gente con estudios, no podía oponerse.

* * *

El tren iba lento y a la vez demasiado rápido. Cada vez que se detenía unos minutos en los tramos de vía única para dejar pasar a otro convoy, me imaginaba que un error del maquinista nos devolvía a la estación de origen. En una de esas paradas descubrí que mi reflejo en el cristal de la ventanilla me estaba sonriendo. Acababa de recordar las fantasías infantiles cuando no quería ir a la escuela. Incendios, inundaciones, derrumbes, explosiones, techos hundidos, invasiones de ratas... cualquier catástrofe era bienvenida si gracias a ella me escapaba de un examen o de hacer el camino al aula con el aire gélido que en invierno bajaba de la montaña y te cortaba la cara.

Mi hija mayor parece haber heredado las mismas fantasías; pero tiene que haber sido de forma innata, ya que yo nunca se las he contado. A pesar de que entiendo muy bien que hay días en que no, días de no quiero, días de, por favor, deja que me quede en casa o llévame contigo a la universidad, a mí me corresponde ejercer el papel de madre rigurosa, sin mostrar grietas, aunque una vocecita interior me esté susurrando también a mí que quizás la niña tenga suerte y se haya inundado la escuela, o se haya derrumbado el edificio, o haya habido una explosión, se haya hundido el techo o las ratas hayan salido de excursión y, mira tú que casualidad, hayan decidido precisamente visitar su escuela. Y ya puestos, también podría inundarse, hundirse, explotar la universidad. O una invasión de ratas obesas podría hacer caer el techo del aula donde ese día me toca dar clase. Pero mientras todas esas imágenes se amontonan en mi mente, yo apuro a mi hija, que se hace la remolona, y le repito con mi voz de adulta que hay que ir, que tiene que ir, que debe ir, que a veces nos toca hacer cosas, aunque no nos apetezcan.

Le sonreí, esta vez expresamente, a mi reflejo para darme ánimos y para decirme a mí misma que había que hacerlo, que tenía que hacerlo, que debía hacerlo.

En el exterior los árboles mostraban los primeros indicios de la explosión de colores otoñales que en un par de semanas cubriría los valles y las montañas, cuyos contornos ya ocultaban el horizonte. Las nubes estaban bajas, esperaba que la niebla ya se hubiera disipado al llegar al pueblo.

Ese deseo sí se cumplió, aunque las nubes seguían pendiendo muy cerca y el pavimento de las calles aún mostrase la humedad matinal.

Mi madre me esperaba en una cafetería del casco antiguo, cerca de su piso. El local conservaba el nombre, la larga barra de madera, tras ella el espejo picado que seguía anunciando Cynar y, al lado de la puerta que llevaba a los lavabos, un viejo teléfono de monedas. El resto, las mesas de mármol, las sillas de madera, los antiguos camareros y clientes habían quedado relegados a las fotos en blanco y negro que cubrían por completo una de las paredes rodeando un rótulo pretendidamente retro con la inscripción "Bar Soler, 100 anys de tradició". Como nuestro colmado si no estuviera cerrado.

Ella tenía buen aspecto. Como siempre que subo a visitarla, había ido a la peluquería y se había teñido el pelo del tono de rubio que sospecho solo se usa para señoras de su generación. Llevaba una blusa clara, con flores pequeñas. Me alegró y me enorgulleció que no quisiera llevar luto.

—El duelo es personal, es mío.

Lo echaba mucho de menos, pero, como ella decía, eso era cosa suya.

El último mes antes de su muerte, cuando el estado de mi padre se agravó, había sido muy duro. La enfermedad le había caído encima hacía unos diez años. Le faltaba poco para jubilarse, pero lo tenía todo pensado: mi madre, que era cinco años más joven que él, seguiría llevando el colmado, bajo su supervisión, por supuesto, y contratarían a un dependiente joven. Entonces tuvo el primer infarto.

* * *

Nos pusimos al día mientras tomábamos unos cafés, le enseñé las fotos que las niñas me habían ido enviando mientras estaba en el tren. Le puse el audio que habían grabado para ella. La pequeña se quejaba de que no me la hubiera llevado a ver a la abuela, que en las fiestas había demasiada gente, que la habían pisado dos veces. La mayor me pedía que les comprase dulces de la pastelería de la plaza. A las niñas les gustaba el pueblo.

—¿Qué te parece? ¿Vamos? —dije, tomando la iniciativa para disimular que no quería ir.

Cruzamos el pueblo a buen paso. A sus setenta años, mi madre se movía con agilidad. Como era de esperar, nos detuvimos un par de veces para saludar a algunos vecinos. Una aprovechó para quejarse de todos esos barceloneses que invadían el pueblo en cuanto tenían un día libre.

—Si tanto les gusta, que se venga a vivir aquí.

Me dijo como si esperara que yo hiciera algo al respecto.

Otro, como le gusta hacer a la gente mayor, se empeñó en contarme cosas que yo hacía cuando era pequeña y vivía en el pueblo.

Así, con interrupciones, llegamos a la calle empinada en la que estaba nuestro antiguo colmado. El rótulo, que era todavía el original, puesto por mi bisabuelo Jaume y repintado por su hija Remei y su nieto Mateu, mi padre, seguía allí. El marco oscuro, el fondo blanco que amarilleaba y las letras que habían sido de color granate: Colmado La Abundancia.

Mi madre sacó del bolso la llave de la cerradura de la gruesa verja que protegía la puerta original del colmado. Tiré de la estructura metálica y me sorprendió que apenas emitiera un chirrido

—¿Vienes de vez en cuando?

—¿Por qué tendría que hacerlo? —me respondió con más incredulidad que acritud, mientras abría la puerta antigua.

Retiré los postigos que cubrían la cristalera para que pasara la luz.

Entramos.

Al lado de la puerta estaba todavía el gancho de metal del que mi padre colgaba la jaula con un periquito.

Mi madre pasó de largo de la caja registradora, que recibía y despedía a los clientes, tampoco prestó atención al viejo mostrador de mármol con las marcas de los recipientes de cristal que contenían dulces y chucherías. Su mirada estaba fija en las estanterías que recubrían por completo las paredes del local. Se movía con lentitud, como si pudiera verlas todavía cargadas de latas, botes, tarros. Al pasar cerca de una estantería baja en la que teníamos unos cestitos de mimbre con latas planas de espárragos, repitió inconscientemente el movimiento de los pies con que evitaba tropezar con los sacos de arpillera llenos de legumbres, que apoyaba allí.

De pronto, pude ver a mi padre.

Lo pude ver inclinándose sobre los sacos de garbanzos, el torso recto, como si hiciera una reverencia, metiendo la palita metálica para sacar una muestra del interior para comprobar que no hubiera bichos. Lo repetía después con las judías, con las lentejas, con las habas... Al acecho de gusanitos, de escarabajos, de hormigas. Temeroso del escarnio que podía suponer que un cliente volviera al colmado para echarle en cara que había bichos en sus legumbres.

Seguí los pasos de mi madre. Apoyada contra unos estantes estaba todavía la vieja escalera de madera con la que se accedía a las estanterías más altas. Y entonces lo vi a él de nuevo. El cuerpo enjuto metido en su bata azul, en la que había hecho bordar con hilo blanco y en letra cursiva La Abundancia, subido a lo alto de la escalera, sacando una a una las latas para controlar que no hubiera ni una sola caducada.

Lo pude ver recorriendo el mostrador, concentrado en comprobar el estado de los embutidos y los quesos, las mermeladas y los dulces de membrillo. Todo tenía que estar fresco.

Lo pude ver poniendo en oferta la mercancía cuya fecha de caducidad se acercaba.

Solía venderse bien, aunque solían quedar restos. Y así sabíamos los que nos iba a tocar a comer los próximos días, porque nadie se lleva el último paquete de macarrones ni el último bote de salchichas de Frankfurt y el último salchichón desaparecía en los bocadillos de mi merienda.

Cuando mi madre se volvió hacia mí, supe que ella también lo había visto. Sacudió el polvo de una banqueta, se sentó y me dijo señalando a la entrada de la tienda:

—La gente lo veía siempre ahí, detrás de la caja registradora, con las batas azules siempre limpias y bien planchadas. Lo veían ahí sentado como un busto sereno y firme que les cobraba y sonreía al devolver el cambio. Seguramente pensaban que era un hombre tranquilo, incluso flemático, pero no sabían nada de sus miedos. Nadie se podía imaginar que para él ese espacio estaba colmado, como tanto se ufanaba el nombre de la tienda en proclamar, de mercancías que se estropeaba a ojos vista.

Mientras la escuchaba, imaginaba las pesadillas de mi padre, pobladas de latas de conserva hinchadas, explotando en una reacción en cadena incontenible que las destripaba y dejaba el colmado inundado de tomates, pimientos, melocotones en almíbar, esparcidos como las vísceras de los soldados en las guerras. Malas noches luchando en sueños contra gusanos voraces que pretendían devorar sus quesos, pagando a cucarachas chantajistas para que no aparecieran en el momento más inoportuno, degollando ratones. Mi padre había vivido   presa de la angustia que comparten todos aquellos que venden mercancía perecedera que incluso antes de entrar en su tienda empieza a deteriorarse. Sus días estaban marcados por la desazón de saber que todo lo que lo rodeaba eran metros y metros de género que tenía los días contados y en esa cuenta atrás los tenderos agonizan con ella, esa congoja les oprime el corazón. Hasta que un día no puede más.

* * *

La enfermedad fue un proceso penoso. Cuál no lo es. El primer infarto reveló la magnitud de los daños que había sufrido su corazón. Aunque él afirmaba que no pensaba hacerlo, los médicos le dijeron que ya no le convenía trabajar.

Yo tenía entonces treinta y un años, vivía en Roma, donde daba clases de español en la universidad. Volé de inmediato a casa y, mientras mi padre estaba convaleciente, me quedé en el pueblo y ayudé a mi madre despachando en el colmado. Estaba pasando un mal momento, el trabajo en la universidad estaba mal pagado y era improbable que me renovaran el contrato, vivía en un piso compartido, lo que al principio me pareció divertido, pero me estaba cansando de convivir con gente nueva cada pocos meses, y mi relación sentimental tampoco iba demasiado bien. No sabía qué hacer con mi vida.

En ese momento el pueblo, la vieja casa, el colmado me parecieron lugares tentadoramente tranquilos y, sobre todo, seguros. ¿Por qué no?

—Ni se te ocurra —respondió mi madre cuando se lo comenté pensando que se alegraría de tenerme de vuelta.

En nuestra familia de hijos únicos, yo era la siguiente generación, la cuarta, la que aseguraba el futuro de La Abundancia.

—Para esto no has estudiado. En cuanto tu padre se ponga bien, tú tienes que seguir tu camino.

Mi frágil estado de ánimo lo sintió como un rechazo, una expulsión del paraíso. Cuando mi padre volvió a casa y empezó a sentirse mejor, me marché a Roma ofendida. A veces pienso que mi madre plantó en mí esa rabia para sacarme del estancamiento, para que no me quedase varada en algo que en el fondo no deseaba.

El segundo ataque al corazón le sobrevino cuando ya llevaba un mes jubilado. Estaba en el colmado, sentado en el último peldaño de la escalera de madera. Según mi madre, en algún momento le pareció ver algo que se movía entre los sacos de legumbres. Tal vez viera algo, un bicho, un ratón; tal vez la debilidad que todavía arrastraba le hizo alucinar aquello que tanto temía. Qué importaba si la causa era o no real, el efecto sí lo fue. Y las secuelas.

Mientras mi padre de nuevo se recuperaba lentamente en el hospital, mi madre tomó una decisión: se acabó el trabajo en el colmado. Lo consultó con él, por supuesto, pero solo para que escogiera entre dos opciones: cerrar o traspasar.

Yo pensé que él elegiría traspasarlo, pero mi madre, que lo conocía mejor, ya sabía que él no soportaría ver a alguien que no fuera de la familia despachando allí. Algo que ella no me contó hasta que estuvo segura de que yo tenía perspectivas propias para mi futuro y no sentiría, por las razones que fueran, el deseo de convertirme la cuarta generación de tenderos.

De modo que ella liquidó las existencias del colmado y compró un piso acondicionados a las necesidades de mi padre.

—Para eso se tiene ahorros.

Allí vivieron los últimos años. Mi padre nunca se recuperó por completo, pero estaba tranquilo. Ella se hizo socia de la biblioteca pública del pueblo, se apuntó a cursos de informática y empezó a participar en una tertulia.

El colmado y la casa quedaron vacíos y cerrados. Muy de vez en cuando, en sus paseos diarios, se acercaban por allí.

—Creo que tu padre quería comprobar que se respetaba su voluntad —me contó ella.

* * *

Tras forcejear con la puerta, entramos en la trastienda y de allí a la escalera que conduce a lo que había sido nuestra casa. Solo subí yo. Las habitaciones me parecieron mucho más pequeñas. ¿De verdad en ese comedor cupieron una mesa redonda, con sus sillas, un aparador y la mesita del televisor? ¿Cómo nos movíamos?

Entré en el que había sido mi cuarto y ahora era un espacio vacío que olía a humedad. Me asomé por la ventana y vi la calle teñida por la luz melancólica de los mediodías de septiembre. Seguramente llovería. Recordé entonces mi cama pegada a la ventana y la sensación de bienestar, de protección cuando empezaban las lluvias de otoño y las oía golpeando contra los cristales mientras yo estaba tumbada bajo el peso protector de una colcha gruesa que parecía hecha para que nada malo pudiera sucederte. Era una vida tranquila, de rutinas, como les gusta a los niños. Me pregunté si les gustaría a mis niñas. Si le gustaría a mi marido. Cambiar de vida. Volver. Una vida tranquila, incluso rutinaria, sin prisas, sin correr todo el día de un lugar a otro.

Aún sugestionada con esta posibilidad, bajé las escaleras. Mi madre me esperaba abajo.

—Hay que decidirse, hija.

Tres generaciones habían vivido y trabajado en esa casa. ¿La vendemos o nos la quedamos?

Me pareció sentir la presencia de mi padre, su voz repitiéndome "tres generaciones, hija". Y entendí su negativa a dejarla en otras manos.

—Es qué no sé, mamá.

Nos dirigimos otra vez a la tienda.

Cuando mi madre cerró la puerta de la trastienda, tuvo que dar un golpe. Un aleteo sobre nuestras cabezas nos sobresaltó a ambas. Habíamos asustado a una paloma que se había colado por un hueco en la chapa que cubría el ventanal alto. El pájaro dio una vuelta atolondrada cerca de las vigas de madera del techo y se marchó por el mismo hueco. Mi madre la miró y dijo en voz baja:

—¡Lolita, corre, corre, corre!

Lo había olvidado.

* * *

—¡Lolita, corre, corre, corre!

Mi padre le había enseñado a decir esto al periquito.

—¡Lolita, corre, corre, corre!

Y Lolita, mi madre, corría por toda la tienda. De estante en estante buscando lo que pedían los clientes. Subía y bajaba la escalerita de madera para llegar a las latas de conserva. A los más altos ella, bajita y redonda, no llegaba ni con la ayuda de los cuatro peldaños, pero tenía un palo largo con unas pinzas en el extremo que agarraban por ella las latas.

—Que no se te vaya a caer en la cabeza —bromeaban las clientas.

—¡Lolita, corre, corre, corre!

Respondía el periquito desde la jaula al lado de la puerta de entrada del colmado, mientras mi madre depositaba con habilidad la lata sobre la superficie de madera del mostrador.

Conocía tan bien la ubicación de todos los productos que sus recorridos por los pasillos del colmado eran perfectos, eficaces. Nunca repetía una estantería, nunca deshacía el camino porque había olvidado algo.

—¡Lolita, corre, corre, corre!

La empujaba el periquito de un verde impertinente desde la jaula, ese pequeño esbirro de mi padre quien, con su bata de color azul permanecía sentado en un taburete alto detrás de la caja registradora.

Era la caja registradora antigua, la que había comprado la abuela Remei. Un armatoste de metal, con teclas duras y una manivela a la derecha que hacía saltar el cajón del dinero y una campanita. Ahora la gente las busca para decorar tiendas que se fingen antiguas. El cajón estaba siempre ordenado. A mi padre le gustaba colocar los billetes y las monedas en la misma dirección. Cuando se abría, tomaba los nuevos, los dejaba a un lado y devolvía los cambios en perfecto orden: primero, los billetes de más valor; al final, la calderilla. Se jactaba de no equivocarse nunca.

—Compruebe si está bien.

—No es necesario.

—No, por favor, hágalo.

Lo hacían por complacerlo.

—Perfecto, señor Mateu.

Después, los nuevos habitantes del cajón ocupaban su lugar, ordenados como cadetes.

La campanilla de la caja registradora al cerrarse marcaba el final de un round para mi madre. El combate terminaba cuando el último cliente abandonaba el colmado a la hora del cierre.

Mientras mi padre anotaba las ventas del día en el libro de cuentas, mi madre se dirigía a la vivienda. Allí empezaba a preparar la cena.

Una media hora más tarde, con expresión de mayor o menor satisfacción, según lo que hubiera leído en el libro, subía mi padre llevando la jaula del periquito en alto, como los mineros llevan las lámparas para adentrarse en las galerías. En cuanto nos divisaba a mí y a mi madre poniendo la mesa, el bicho empezaba otra vez:

—¡Lolita, corre, corre, corre!

No sé si por ella o por mí, un día le dije a mi madre que ya ponía yo sola la mesa, que se quedara en la cocina. Desde entonces, mi padre entraba, dejaba la jaula del periquito colgando frente a la ventana del comedor, que daba al patio de los vecinos, le ponía comida, le llenaba el bebedero y se iba al dormitorio para quitarse la bata azul. Mientras, el periquito se quedaba con la mirada fija en la puerta de la cocina, acechando la aparición de mi madre. Desde la cocina se oía correr el agua del lavabo. Mi padre se lavaba las manos a conciencia.

—El dinero nos da de comer, pero está sucio.

Con las manos limpias y la servilleta sobre las rodillas, mi padre se sentaba muy firme en su lugar en la mesa, como cuando estaba detrás de la caja registradora, y esperaba la comida. El pájaro lo imitaba, inmóvil sobre uno de los palos de la jaula. No comía hasta que mi madre aparecía por la puerta de la cocina y él le gritaba por última vez ese día:

—¡Lolita, corre, corre, corre!

Con eso debía de dar por terminada su jornada.

Después de la cena, mi madre recogía la casa, yo hacía mis deberes y mi padre soltaba al periquito. Este daba una vuelta de reconocimiento por el comedor y después se posaba en su hombro izquierdo. A veces se acercaba a su oreja y parecía que le contaba chismes sobre la gente que había visto pasar por delante de la puerta del colmado.

Un día a la semana mi padre, con el periquito en el hombro como un capitán Garfio, volvía a bajar a la tienda. Día de inventario, de preparar los pedidos, de revisar que no hubiera mercancía caducada. Los estantes del colmado La Abundancia no podían mostrar huecos.

Arriba, mi madre, Lolita, corría para dejarlo todo recogido. A veces, acostada en la cama, la cama que tenía esa colcha pesada que me protegía de todos los males, la oía trajinar por la casa. El periquito dormía en su jaula cubierta con un paño de cocina. Tenía que descansar para poder repetirle a mi madre:

—¡Lolita, corre, corre, corre!

* * *

Mi madre me esperaba en la entrada, al lado del gancho donde mi padre colgaba la jaula del periquito.

Puse de nuevo los postigos. Cerramos la puerta; después la verja.

Me sacudí el otoño del cuerpo, miré a mi madre y le dije:

—Vendemos.

RITUALES

DAVID ROAS

¿Tiene un acontecimiento que ser real para que se acepte como verdad, o la creencia en su verdad ya lo hace real, aunque no sucediera lo que presuntamente ocurrió?

Paul Auster, Baumgartner

Ya os falta poco para llegar. Debéis de estar muy cerca del mirador de Vixía da Herbeira, si no lo habéis pasado ya, aunque con esta niebla sabes que será inútil parar allí como siempre hacíais.

La bruma se vuelve cada vez más espesa. Te detienes en el arcén a esperar a que despeje. Los árboles parecen espectros bordeando la carretera. Si ahora vieras pasar a la Santa Compaña, (casi) no te sorprendería. Vienen a tu recuerdo las muchas historias que tu madre te contaba de niño. Nunca las tomaste en serio, pero te encantaba escucharlas e imaginar a los terribles fantasmas vagando en silencio por los bosques. Y, de paso, burlarte de tu madre por creerlas. A ella le daba igual. Su respuesta siempre era la misma: Tienes que saber ver y escuchar, Marquiños.

Ahora te arrepientes de esas burlas, como también de las risas que no pudiste reprimir al leer la carta que no te llegó a enviar y que encontraste por casualidad metida en el libro que estaba leyendo antes de que se la llevaran al hospital del que ya nunca regresó.

Hijo, confío en ti para que me hagas este favor. Sé que cuando lo leas te reirás, pero te lo pido de corazón: cuando me muera, tienes que llevarme a San Andrés. Y cumplir a rajatabla lo que aquí te escribo. En la víspera del viaje ve al cementerio y grita fuerte

junto a mi nicho para que yo esté preparada para el día siguiente. Esto es muy impor-
tante, Marquiños, porque las ánimas no pueden ver y solo se dejan guiar por la voz que
las llama. Ya sabes que tienes que pagar otro billete de autobús para mí. No te olvides.
Aunque con lo poco que a ti te gusta el autobús, seguro que irás con tu coche. Da igual.
Lo importante es que me acompañes. A la ida y a la vuelta, porque también tienes que
volver a dejarme en el cementerio para que pueda descansar en paz, eso es.

Ahí dejó de escribir. No has podido -no has querido- negarte, porque, más allá de folklores y supersticiones, San Andrés de Teixido es un lugar que te encanta.

Todavía recuerdas la primera vez que lo visitaste. No debías de tener más de siete u ocho años. Mientras paseabais, tu madre te iba contando leyendas y te hablaba de las extrañas costumbres de la gente que allí peregrinaba. Entre todas, la que más te fascinaba era la obligación de comprar un billete para el muerto al que se tiene que acompañar. Lo mismo que ella te pedía en su carta, sabiendo que no lo ibas a hacer. En aquella primera visita -como en todas las siguientes- pudiste comprobar que los autobuses que llegaban a San Andrés nunca iban llenos. ¿Los ves, Marquiños? -te decía tu madre señalando a las ventanillas-. En esos asientos vacíos van las ánimas de los que nunca pudieron viajar al santuario en vida.

A San Andrés de Teixido vai de morto o que non foi de vivo.

Has perdido la cuenta de las veces que has estado allí con tu familia. Incluso cuando vivías en Barcelona y te escapabas un par de días a verlos, uno de ellos había que dedicarlo a visitar el santuario. Por eso te sorprendió la petición de tu madre, pues no le hacía ninguna falta volver por allí.

Dudaste qué fecha elegir: su cumpleaños, el aniversario de su muerte... Al final, optaste por un día cualquiera del mes de abril y entre semana. Eso te evitaría -o así lo esperabas- encontrarte con las hordas de turistas que en verano abarrotan el lugar.

De pronto, un leve rayo de sol se proyecta sobre el volante, como dándote permiso para continuar tu camino. Tras un par de kilómetros, la carretera empieza a descender, la niebla se desvanece y el océano se abre inmenso ante tus ojos. Un poco más abajo, en una pequeña depresión tapizada de verde aparece la aldea de San Andrés de Teixido. Sigue igual que siempre: media docena de calles, casas encaladas y la fea iglesia. El reducido tamaño del lugar hace que los acantilados circundantes parezcan todavía más inmensos. Siempre te han fascinado esas verdes laderas desplomándose varios centenares de metros sobre las oscuras aguas del Atlántico.

Dejas el coche, como en anteriores ocasiones, en el pequeño aparcamiento situado a la entrada del pueblo. Buena señal: sólo hay dos automóviles más y un autocar.

Mientras recorres las calles, varias mujeres te asaltan tratando de venderte los productos típicos del santuario: ramitas de la herba de namorar, sanandreses (amuletos de miga de pan con variadas propiedades milagrosas), rosquillas de anís (no tienen poderes, pero están muy buenas), que rechazas de inmediato. Prefieres comprar orujo casero en uno de los muchos puestecillos que llenan las aceras. Esta sí es una auténtica poción mágica. Y a 10 euros la botella. Te llevas un par. El vendedor te sirve un generoso vaso para que lo pruebes. El calor de la deliciosa bebida te anima. Pero también despierta el hambre.

A pocos metros está el Mesón Eiravella, al que siempre ibais a comer percebes. Todos los años el mismo ritual. Pero hoy está cerrado. Que tú recuerdes, solo hay otros dos bares más en el pueblo. Nunca los pisasteis.

La suerte no te acompaña. Uno de ellos también está cerrado y en el otro no queda ninguna mesa libre, ni siquiera hay sitio en la barra.

Aprovechas el nuevo ataque de una vendedora de rosquillas para preguntarle -después de rechazar, una vez más, su mercancía- si hay algún otro bar en el pueblo. Con cara de enfado, te indica la dirección y musita algo en voz baja que no llegas a escuchar.

Siguiendo sus instrucciones, caminas hasta el final de la calle. La acera acaba en un tramo de viejos escalones. Pese a tanta visita, nunca habías pasado por aquí. En el invariable programa diseñado por tu madre no había tiempo para ponerte a explorar.

Los escalones desembocan en una estrecha callejuela empedrada. La hierba asoma entre las losas. Las dos primeras casas tienen las puertas y ventanas cerradas con tablas. Al principio lo tomas por una zona abandonada, hasta que ves sobre la madera despintada de otra puerta un letrero escrito con rotulador en una triste hoja de libreta, cuyo escueto mensaje te catapulta al interior: Percebes, 12 euros.

En la barra, además del camarero, solo hay tres tipos, que responden amablemente a tu saludo, aunque todos ponen la misma cara de sorpresa, como si no esperaran que nadie apareciera por allí. En la única mesa del local, un viejo lee absorto su periódico.

El plato que te sirven es enorme y el tamaño de los percebes también. Nada que envidiar a los del Mesón Eiravella. Aunque si tu madre estuviera aquí, seguro que no estaría de acuerdo. Sientes que estás haciendo una pequeña traición, pero no es culpa tuya que el Mesón hoy esté cerrado.

Pides otro vino. Mientras te lo sirve, le dices al camarero que no sabías que en esta calle había un bar.

Pues es el primero que se abrió en el pueblo -responde-. Anxo -dice señalando al viejo del periódico- ya asomaba por aquí cuando era un niño. Mi bisabuelo lo llevaba entonces. Y aquí seguimos...

Con el último percebe, pides la cuenta. No quieres entretenerte, pues todavía te queda mucho por hacer en San Andrés.

Vuelva cuando quiera -te dice el camarero sonriendo mientras te diriges a la puerta-. Siempre estamos abiertos.

La calle ahora está algo más animada. Nuevos turistas deambulan por las tiendas comprando recuerdos. Las viejas tratan de endosar sus productos a los incautos que se aproximan a su campo gravitatorio. Desde niño siempre te ha parecido que más que vendedoras son meigas. La verdad es que su aspecto es bastante brujeril.

Diriges tus pasos hacia la Gruta del Santo, una pequeña cueva artificial junto a la capilla atestada de exvotos fabricados en cera que representan cabezas, piernas, manos y miniaturas de figuras humanas de cuerpo entero. Ofrendas que los creyentes han hecho a San Andrés para agradecerle la milagrosa curación de esos miembros, y que has fotografiado en cada una de tus visitas a la aldea. Pero hoy hay uno que te deja fascinado y que nunca antes habías visto: representa un pecho femenino, con su pezón erecto y todo. Sacas el móvil y le haces una foto.

Junto a los exvotos en cera hay varios retratos de individuos solos y en pareja, tres barcos de pesca, un par de casitas y un hórreo, todos también en miniatura.

Sales de la Gruta y te diriges hacia el mirador que se encuentra al final de la pendiente que hay pasado el santuario.

El panorama que se abre ante tu vista de nuevo te sobrecoge. Aunque brilla el sol, el Atlántico aparece oscuro y amenazador rompiendo incansable contra los acantilados. El viento azota tu rostro y trae el aroma húmedo del salitre, que se mezcla con el fuerte olor a eucalipto. Llenas tus pulmones, feliz.

Tu madre siempre os obligaba a deteneros aquí y sacaba del bolso unas rosquillas que debíais comer observando el océano. Lo que nunca hiciste, pese a su insistencia, fue beber el agua de la fuente de los tres caños y pedir un deseo al santo. A ella le daba igual que hubieran escrito con pintura blanca y en letras bien grandes "No potable". La verdad es que nunca le sentó mal.

Detrás del mirador, descendiendo la ladera por el lado contrario, asoma el pequeño cementerio. Un rectángulo en el que los nichos -muchos de ellos vacíos- ocupan dos de sus lados. Un bajo muro de piedra compone los otros dos laterales. El suelo está cubierto de una hierba muy verde, entre la que afloran una veintena de cruces, casi todas de metal. Algunas de las lápidas están inclinadas, casi caídas. Hoy la imagen te provoca una irreprimible sensación de soledad. Aceleras el paso.

Tu madre no se quejará. Salvo la visita al Mesón, has cumplido a rajatabla con todas las etapas del ritual. Ha llegado el momento de marcharos, de regresar al punto de partida. No te apetece conducir de noche y menos por esas carreteras delirantes.

Camino del aparcamiento, caes de nuevo en la tentación y compras otras dos botellas de orujo en el mismo tenderete donde te hiciste con el primer par. El tipo que te las vende te ofrece un vaso para que lo pruebes. No se acuerda de que ya te había dado a catar el delicioso brebaje. No dices nada y aceptas el trago. Más calorcillo. Más energía. Te sientes como Astérix.

La misma bruja de antes -o quizá no sea la misma, todas se parecen- se te acerca y agita ante tu cara pequeños manojos de herba de namorar y te coloca en la mano una ristra de rosquillas, que inmediatamente le devuelves. ¡Ande, señor, cómpreme unos sanandreses! ¡La mano, para que pida al santo por el amor y las buenas compañías! ¡El pez, por el trabajo y el sustento!... Te alejas antes de que la vendedora te recite todo el muestrario.

Al llegar al aparcamiento, empiezan los problemas. Pese a que no está muy lleno, tu coche ha quedado encajado entre dos furgonetas. Están tan cerca que ni siquiera puedes abrir las puertas. Conteniendo el cabreo, preguntas a todo el que pasa tratando de identificar a los imbéciles que te han dejado atrapado. Nadie sabe nada. Te acercas a los puestecillos, a ver si alguien te puede echar una mano.

Turistas, seguro -te dice una de las vendedoras-, a saber dónde se han metido esos. Pues no le queda otra que esperar. ¿Quiere unas rosquillas?

Le das las gracias, pero no le compras nada. La mujer te mira con cara de malas pulgas.

Al menos puedes abrir el maletero y guardar las cuatro botellas de orujo. Te sientas sobre el capó de tu coche y te pones a esperar.

Llega la noche y los dueños de las furgonetas siguen sin aparecer. Vas a tener que dormir por primera vez en San Andrés. Consultas en Google y, además de enterarte de que en el pueblo solo viven 49 personas (censo de 2020), descubres que no hay hoteles ni pensiones. Y no vas a pedir un taxi para que te lleve a Cedeira, donde ya has pasado alguna noche en otros viajes, para mañana tener que tomar otro que te devuelva a San Andrés para recoger tu coche, suponiendo que las furgonetas lo hayan liberado. A lo mejor alguien te puede alquilar una habitación en su casa.

Como no te fías mucho de las meigas (has rechazado una y otra vez todo lo que te ofrecían), vuelves al bar de los percebes. Seguro que allí te podrán orientar.

En la barra siguen los mismos tres tipos y en la mesa el anciano continúa enfrascado en su periódico. Como si los hubieras dejado en pausa cuando te marchaste. El camarero te saluda al entrar.

¿Otra ración de percebiños? -te pregunta sonriendo mientras te sirve un vino sin habérselo pedido.

Después del primer trago, le cuentas lo que te ha pasado.

¿Dos furgonetas? Esos son jipis -sentencia el camarero-. Y seguro que ya iban fumados y ni se han dado cuenta de cómo han aparcado. Con la primavera llegan muchos y se van a acampar por la montaña. Esos hoy ya no vuelven.

Entonces le preguntas -intuyendo de antemano la respuesta- si hay servicio de grúa en San Andrés.

Habría que avisar a la de Cedeira -te responde-, pero no sé yo si a estas horas Fran va a querer venir hasta acá. Si fuera algo muy grave... Pero déjeme que le llame -añade amablemente-, que nunca se sabe.

Un minuto de conversación telefónica después, el camarero te confirma que el tal Fran no va a venir en tu ayuda.

No es por pereza -añade-. Es que está con un accidente en la carretera de Valdoviño y eso le va a ocupar varias horas. Dice que mañana hacia las 9 puede estar por aquí.

Lo que esperabas. Entonces le preguntas si, por casualidad, no tiene alguna habitación que pueda alquilarte. Te responde que ya le gustaría, pero que él vive con su familia en el piso que hay encima del bar y que ya están muy apretados.

¿Por qué no va a hablar con Maruxa? -interviene uno de los tipos de la barra-. Ahora que el hijo se le ha marchado a estudiar a Santiago, tiene una habitación de sobra. Dígale que va de parte de Suso, ya verá cómo le ayuda.

El camarero sale contigo a la calle y te indica cómo llegar. Es la casa de la puerta verde que está junto a los escalones de piedra por los que antes has descendido para llegar hasta aquí, muy cerca del bar.

No se olvide de decirle que va de parte de Suso, el de las Riolas -te dice el camarero.

Pocos minutos después, la tal Maruxa, sabiendo que vienes recomendado, te acompaña hasta una pequeña habitación en la planta superior de su casa. La mujer te pide 40 euros y añade que no te da una llave, que prefiere que llames al timbre, que le da igual la hora.

Después de tantos años, hoy vas a pasar tu primera noche en San Andrés. Como un niño haciendo una travesura, no puedes evitar sonreír al pensar que finalmente no has cumplido con todas las fases del ritual. Tendrás que esperar una noche más, mamá. Pero no te preocupes, que mañana sin falta estás de regreso.

Vas al coche a por tu maleta. Tras comprobar que nadie te mira, le haces una buena rayada con la llave a la furgoneta de tu izquierda.

Dejas la maleta en la habitación y le dices a Maruxa que sales a cenar.

Usted no se preocupe -te dice sin levantarse del sofá-, si vuelve tarde, como le dije antes, llame al timbre, que yo tengo el dormir muy ligero.

Vuelves al bar de los percebes (todavía no sabes su nombre). Sumida en la penumbra, la callejuela parece aún más ruinosa y fantasmal. No hay farolas, solo la escasa luz que da la triste bombilla colocada sobre la puerta despintada del bar.

Entras y vuelves a encontrarte con la misma escena, sin cambio de personajes. Bueno, ahora el viejo está comiendo un trozo de empanada. Les cuentas que Maruxa te ha alquilado la habitación y, tras darles las gracias, le dices al camarero que ahora sí te apetece ese plato de percebes.

Y si me pone una ración de empanada -dices mirando golosamente la que se está comiendo el anciano-, sería genial. Y una botellita de godello, ya que no tengo que conducir -añades con una sonrisa.

La empanada de bonito está exquisita y la ración de percebes es aún más generosa que la que te comiste al mediodía. No puedes evitarlo y, bromeando, le dices al camarero que seguro que su tamaño tiene que deberse a la protección del santo.

Aquí no hacemos burla con eso -dice, de pronto, muy serio, el viejo del periódico con una voz curtida por el orujo y el tabaco-. Debe usted saber que la peregrinación a San Andrés es algo muy importante. Todo el mundo, en un momento u otro de sus vidas, viene aquí. Y si no, vienen de muertos.

Dicho eso, da un largo trago a su vaso de vino y vuelve a su mutismo inicial.

Sabes que has metido la pata con tu torpe comentario y pides perdón. Entonces, les cuentas que tú has venido a San Andrés por ese mismo motivo, para acompañar a tu madre, que murió el año pasado. Y para que se vea tu buena voluntad, añades que invitas a una ronda de vinos, que todos aceptan encantados, incluido el viejo del periódico. No hay que provocar a los fantasmas de la superstición local.

Terminas los percebes y pides un orujo.

Manu -irrumpe de nuevo la voz del viejo-, ponle una copita de la caña de Bieito. Ahora va usted a probar -esta vez se dirige a ti- un orujo de verdad. Mejor siéntese aquí -añade mientras señala una de las sillas junto a su mesa.

Manu sirve los orujos. El anciano le pide que deje la botella.

Así no te hacemos caminar.

Mientras bebes (el orujo es impresionante), el viejo empieza a interrogarte. Le hablas de tu familia gallega, de la petición de tu madre, de su obsesión por San Andrés.

La verdad -le dices al viejo- es que no sé muy bien a qué he venido. Con la de veces que visitó en vida el santuario, yo creo que a mi madre no le hacía falta volver por aquí.

Eso nunca está de más -afirma el anciano, sirviéndote otro orujo-. No le hace daño a nadie. Y no me diga que a usted no le gusta venir a San Andrés. Se nota a la legua que aquí está como en casa.

Confiesas, esperando que no se moleste, que a ti lo que verdaderamente te gusta no es el santuario sino las vistas. Hay pocos sitios más donde sientas la emoción del Atlántico (el orujo te está poniendo poético): Estaca de Bares, Cabo Vilán, Punta do Roncudo, y Fisterra, claro.

El anciano te da la razón y vuelve a llenar las copas. Te cuesta seguirle el ritmo, pero está tan bueno que te da igual la resaca con la que inevitablemente despertarás mañana.

De pronto, atravesando tranquilamente la mesa aparece un inesperado escarabajo de un negro reluciente. Cuando está a punto de llegar junto a tu copa, levantas la mano con la intención de cogerlo.

Alto ahí, ni se le ocurra -te dice el viejo, que ha interpretado mal tu intención-. Cuidado con lo que hace. Aquí no se matan los bichiños. ¿No sabe que puede ser una pobre ánima que viene de romería? Cuando no se tiene a nadie que le lleve a uno a San Andrés, la tradición dice que el ánima irá en forma de insecto, de lagarto, de sapo... Hay muchas formas -el hombre lo dice tan serio que reprimes la sonrisa que empieza a asomar en tu boca-. Por este motivo, las gentes que vienen por aquí deben tener mucho cuidado de no aplastar ningún bicho en su camino, no sea que se trate de algún pobre desgraciado y que eso le impida completar la peregrinación.

El viejo coge delicadamente al escarabajo y lo deja en el alféizar de la ventana que tiene a sus espaldas.

Así podrá seguir su camino -añade. La escena es casi cómica. O te lo parece a ti, entre las brumas del orujo. El anciano vuelve a servir otra dosis más de la estupenda poción.

No sabes el tiempo y las copas que han pasado. Estás muy a gusto, pero conviene retirarse antes de que la cosa vaya a peor. Te asombra que el viejo siga tan campante.

Tómese otra copa antes de salir, hombre -te dice-, que la noche esta fría. Y vaya directo a casa, no se me vaya usted a perder. Y cuidado con los bichiños -añade con una extraña sonrisa-. Ya sabe que no hay que molestar a los muertos, y menos a los que todavía no lo están del todo.

Siguiendo lo que tomas por una broma, le contestas que vigilarás bien donde pones los pies, aunque tu andar vacilante te contradiga. Desde la barra, los tres tipos y el camarero te dan las buenas noches.

Ha empezado a orvallar. Das un paseo para despejar las brumas del orujo. Las calles están en silencio. No ves luz en ninguna ventana. No hay turistas, ni tenderetes, ni agobiantes vendedoras. Parece otro lugar. Es una maravilla caminar a solas, rodeado por el olor a eucalipto, con el sonido del océano en la distancia.

Llega primero como una especie de zumbido que no logras identificar. Te detienes y escuchas en silencio. La triste farola te permite entrever al final de la callejuela una sombra de movimiento ondulante que avanza hacia ti por el suelo empedrado.

Cuando te alcanza, te das cuenta de que se trata de una inesperada masa de escarabajos, cucarachas, ciempiés y otros insectos que desfilan -no se te ocurre mejor verbo- de manera compacta y ordenada. A estos les siguen, sin mezclarse, un tropel de lagartijas, sapos, culebras... No sabías que el orujo podía ser alucinógeno, porque, sin duda, estás delirando. Aun así, te quedas quieto. No quieres pisarlos. La advertencia del viejo Anxo resuena en tus oídos.

Lo peor viene después, porque tú no crees en fantasmas. Una vez ha pasado la procesión de bichiños, la calle es invadida por un montón de seres humanos de rostro absorto y mirada vacía. Caminan lentamente, como fatigados. Brazos caídos. Arrastran los pies. Avanzan con lentitud y desconsuelo. O eso te parece a ti. No se escuchan sus pasos. Una masa de cuerpos silenciosos compuesta por adultos, ancianos y algunos niños.

Un escalofrío recorre tu espalda. Sabes muy bien lo que son. Mientras desfilan ante ti, revisas sus caras buscando la tu madre.

Cuando termina de pasar el último, respiras aliviado. Sin poderlo evitar, sorprendido de tu audacia, echas a caminar tras ellos. Intuyes adónde van, pero quieres verlo con tus propios ojos, comprobar que no es una alucinación. O quizá todo esto no sea más que un absurdo sueño provocado por las historias del viejo Anxo, aunque no recuerdas haber vuelto a casa de Maruxa.

Pese a lo que esperabas, la procesión no se detiene en el santuario. Continúan su marcha hasta el mirador, que también dejan atrás. Un límite que nunca antes habías cruzado pues ahí ya no hay camino por el que seguir, sino un desnivel campo a través de unos doscientos metros que termina en el oscuro océano.

Te cuesta seguir su ritmo. Nada detiene su lento avance, mientras tú sorteas rocas y esquivas las afiladas púas de los tojos. Tampoco ayuda el mucho orujo consumido. Suerte que llevas la linterna del móvil.

El único sonido que se escucha es el de tus pasos inseguros y el de tus jadeos, cada vez más fuertes.

Tras una larga caminata, llegáis hasta la orilla. No hay playa, sino un conjunto de rocas que se precipitan en las negras aguas.

Insectos, reptiles, anfibios y humanos, siguiendo el estricto orden de la procesión, se meten despacio en el mar. Contemplas en silencio como sus cuerpos van desapareciendo, tragados por un océano extrañamente en calma. Los iluminas con tu móvil -no reaccionan- todavía buscando entre ellos el rostro de tu madre.

En pocos instantes, todos han desaparecido. Y el Atlántico recupera su agitación habitual. Agotado, descansas un rato sobre la fría roca.

La luz del amanecer irrumpe de repente. Remontas la cuesta hasta el mirador, todavía dudando de que no estés en un sueño.

Tu primera parada es el aparcamiento, donde te espera tu coche sin furgonetas que lo aprisionen. Después vas a casa de Maruxa a recoger la maleta. A la pobre mujer le sabe mal cobrarte la noche, pues ni siquiera has usado la cama. Le dices que no se preocupe, que le agradeces que te la alquilara sin conocerte.

Subes a tu coche. No has dormido -o quizá sí-, pero debes marcharte cuanto antes. Terminar el ritual. Mientras te alejas, miras por el retrovisor. Poco a poco, San Andrés desaparece engullido por la bruma.

ENTREGA SIN CONTACTO
NATALIA MONJE

Como si una mano entrase en su garganta, le agarrase el estómago y tirase fuerte, arrastrando los intestinos. Una mezcla de ahogo, náusea y dolor quiebra a Leydi sobre el patinete. Se tambalea, la mochila de reparto se escora, las ruedas patinan en el asfalto mojado, un coche le escupe el contenido de un charco espeso. Leydi frena y se seca las pestañas con la manga empapada antes de ampliar la imagen que Joanna Trabajo acaba de enviarle: la captura de una conversación en un grupo de WhatsApp que no conoce, 'Las VIP del aeropuerto', junto al mensaje "Que sepas lo que hay":

-Y esta vez a ver si sois un poco discretas.

-Que no sé cómo la Leydi siempre aparece por dónde estamos.

Ahí están Merchi, Carlita Bonita, Sofi, Laralinda, las compañeras, amigas, amores, con quienes compartía trabajo en la jamonería Miss Ibéricos de la T4 hasta que, hace un mes, lo siento, cariño, no has pasado el periodo de prueba, le dijo el encargado, un italiano de cara agujereada con el que nunca había podido hablar sin reírse, porque lo veía como un flamenco fucsia picoteando sandía al atardecer. Que yo te quiero mucho, bebé, pero ya sabes cómo es. Hacer, hacer y hacer. Pum, pum y pum, y tampoco se puede andar regalando la cecina, que si por mi fuera, que lloviera. Dame un abrazote, guapísima, no llores, que con esa carita no me terminas la jornada. Y te quedan tres horas aún. Esa vez, Leydi no se rió.

-Jaja

-Jjjsjsjs

-☠ pero ☠

-*Quién es la traidora????*

-*Hay que cambiar de sitios que esta se los sabe todos*

-*Cómo no se da cuenta???*

No me doy cuenta porque confío en vosotras, porque os quiero tanto, porque con este cabezón de yuca podre no me entran vuestras ondas de mala mierda, porque con este culo de hipopótama no me duelen las patadas de vuestros taconazos, porque.

"Lo mejor es que lo asumas y empieces a buscar gente buena y te olvides de todas estas. Son tóxicas", escribe Joanna Trabajo. No dejan de entrar llamadas de la mujer que espera un combinado 3 Fujiyama en la calle de la Sirena, pero Leydi las ignora. Marca "entrega cancelada" en la app Cuiko Courier, toca el interruptor que desactiva el controlador de velocidad del patinete y arranca en dirección aeropuerto. Estos 24 Rolls Infinity Tuna están destinados a terminar, desmenuzados, en la toma de aire del coche nuevo de Carla Bonita.

Aceptar servicio, marca Leydi en la app, y las instrucciones se despliegan en su pantalla. Recogida de un paquete con productos cárnicos a las 17:00, ni un minuto más ni menos, en Chacinería 'Chacinería'. Callejón de Salsipuedes, número 3. Entrega inmediata en la avenida Gerión, 14, 6°, por la puerta de servicio, como corresponde con esa calle de grandes edificios burgueses. El trayecto es muy breve, 200 metros. Maravilloso, cinco euros en un vuelo, el típico recado para una persona encamada, vaga o malcriada. Alguien que no puede contar hoy con sus múltiples sirvientes. O algo más raro, quizás.

Leydi ha visto de todo. En las tres semanas que lleva en esto, le han abierto la puerta dos hombres desnudos y uno en pañales que le pidió ayuda para colocar una cortina. Ha cumplido con instrucciones como: "Golpea la puerta como si fueras la policía y luego ruge como un león cabreado", "Vaya a esta dirección y despierte a mi marido" o "Dirígete a mi como Blancanieves". Le han preguntado si cree en Dios, si es "putinguilla", si le apetece respirar en un globo de helio. Le han dado propinas en cogollos de marihuana, en abrazos, en un tubo de monedas que resultaron ser pesetas. Para empeorarlo todo, está acumulando demasiadas caritas tristes. La última se la adjudicó, con razón, la mujer que había encargado aquellos rolls que terminaron en la ventilación del coche de Carlita Zorrita. Mereció la pena, pero otra carita triste significa menos viajes, menos dinero, la muerte y la ruina, así que espabila, Ley, se repite cada día, coge los encargos mierdosos, los de las dos de la madrugada, cógelo todo, las entregas sin contacto que terminan sin propina, los envíos masivos de pizza a un colegio mayor, cógelo y llévalo y suma otros cinco euros. Este trabajo es miserable, ingrato, qué voy a hacer, no puedo volver a Coruña y menos a Perú, como volvió mamá. Este es el sueño, Ley, vivir en una gran ciudad, ser otra persona, conocer a la gente que brilla, la que es mejor que yo.

El callejón de Salsipuedes lo debieron urbanizar empujando una cuña entre los viejos edificios de la calle del Amparo, tan estrecho, oscuro y húmedo como es el camino hacia la gloria de los mártires. Leydi ya lo conoce. Sabe que al adentrarse tendrá que apearse del patinete. Que las losas derivarán en escalones resbalosos, zurcidos de musgo y líquenes. Que el camino se enredará en la margarita cimarrona que cuelga de los muros, antes de abrirse lo justo para albergar la entrada de una cocina fantasma en la que decenas de filipinos preparan baos cansados, envueltos en un vapor que no conseguirá sacudirse de encima hasta que dé la vuelta y acelere cuesta arriba por la avenida. Ha visto el fondo de ese callejón por lo menos cinco veces cada fin de semana desde que trabaja en Cuiko Delivery: un edificio de piedra, viejísimo, abandonado, que se recuesta sobre dos puntales de obra. Ves como tienes cabeza de yuca, Ley. Solo ahora, porque se fija, descubre que en ese edificio, tras el andamio, hay una puerta de madera tallada, y sobre ella unas letras temblequeantes, rotuladas en rojo: CHACINERÍA-CAR-NECERÍA.

Al atravesar el umbral, un coro de campanitas saluda sobre su cabeza. Leydi arruga la nariz. Un olor rancio embalsama el aire, pesado como la grasa de un animal inerte. Es el tipo de local clásico y fosilizado que debería estar lleno de turistas: aparadores de madera gastada, balanza de pesas consumida en óxido, paredes oreadas por el tiempo. Pero la única presencia la encarnan los chorizos y morcillas que cuelgan del techo con indiferencia. Nadie espera tras el mostrador, nadie espera en casa, nadie me espera en ninguna parte.

-¡Cuiko Delivery, buenas tardes!

Cinco campanadas responden afuera, desde alguna iglesia. Las cuentas que componen la cortina de la trastienda reaccionan con un suspiro hastiado. Más atrás, golpean el aire las vibraciones de una macheta que comienza a caer sobre un tajo.

-¿Hola?

En el centro de la barra de mármol hay un paquete envuelto en papel de periódico de estilo retro, manchado con grandes círculos de algo rojo que parece grasiento. ¡Periódico, de papel! Ponme también un poco de viruela con un lacito de feudalismo, piensa Leydi. Alguien se va a enfadar cuando le entregue un pedido en ese estado. La app pita con el anuncio de un servicio urgente: de gastroburguer pijo a emisora de radio, a buenas horas come esta pobre gente. Aceptar.

¡Me llevo el paquete! ¡Graciaaas!

Por esa escalera, por favor, rumia, sin mirarla, un hombre de bata azul polvo que encera el suelo ajedrezado del portal número 14 de la avenida Gerión. Leydi, como hace cuando no sabe si ha oído bien o no entiende un broma, se queda en suspensión, pendiente de la resolución del chiste, la reja forjada del ascensor todavía en su mano. Las entregas se realizan por la entrada accesoria, insiste el portero, señalando una subida empinada al costado de los buzones. Llega al sexto sin aliento. La puerta de servicio está abierta. Un breve umbral que emana olor a vacío remata en una masa de oscuridad, una masa al acecho. Leydi pulsa el timbre, pero no suena.

¡Cuiko Delivery!

Un perro ladra adentro, ladrido de perro grande. Leydi imagina la escena: el can sobre la alfombra, levantando las orejas sin ganas. Los señores recostados en sus chelongues, cóctel en mano, indolencia en rostro, normal que la ignoren, sus tímpanos tienen filtros de belleza incorporados.

¡Entrega de Cuiko!

La masa oscura ondula, parece observarla. Será su vista desgraduada que imagina gusanos y flores en lo negro de los párpados. Será la interna. Una interna con uniforme, colombiana, filipina o peruana, como fue su madre durante los primeros años de emigración. Si algo sale mal en la entrega, Leydi se llevará otra carita triste y la interna, quién sabe, una tarde de encierro en su habitación, una semana de sobras del perro, un mes de no librar.

Leydi tiene una norma que se salta a menudo: nada puede salir tan mal mientras conduzca con cuidado, evite repartir pizza y nunca jamás entre en la casa de un cliente. Siempre tiene presentes sus rasgos mestizos, siempre se piensa cada movimiento que hace, siempre anticipa las reacciones de los demás. Se interna tres o cuatro pasos en el umbral, hasta tropezar con un mueble de recibidor cubierto por un tapete tricotado. Deja el paquete junto a una bandeja de plata con dos monedas viejas, polvorientas, quizás extranjeras. Alarga la mano, quiere verlas de cerca, piensa en cogerlas, qué haces. Allá al fondo, dentro de la mancha negra, alguien podría estar observándola con un teléfono en la mano, dispuesto a marcar una carita triste.

Entrega realizada. Cinco euros en 15 minutos, ojalá esto todos los días.

-Ya se te comieron el acento.

-Que acento, mamá. Yo nunca tuve acento.

-Del nuestro no te queda nada. Y del gallego, poco.

-No les voy a hablar en quechua a los clientes pijos de la coctelería.

-Y enséñame el piso nuevo. Qué manía de vivir a oscuras.

-Ya te dije que está el portero arreglando el fusible. La habitación es enorme, ni con la torre de Hércules verías el fondo.

Leydi cuelga la videollamada y prende una bombilla sin aliento que apenas ilumina la estrechez de su habitación italiana. Las cartulinas negras que ha pegado en los cristales de la puerta que da a la sala, donde todo el día ve la tele el hombre raro de la maleta, opacan la escasa luz natural que podría entrar, pero no logran contener el olor a pis de gato o a fritanga o a zapatos siempre calzados. El edificio está declarado en ruina, la propietaria malvive con una no contributiva y sus inquilinos son breves, excéntricos o necesitados o inmigrantes sin papeles a quienes les va mucho peor que a Leydi. Quieres prosperar, quítate esa cara de indio, quítate esos gestos, quítate el acento, la decisión que ella tomó al llegar a España con 12 años y comprender que desde ese momento ya no sería ni de aquí ni de allí, que no sería de ningún sitio.

Se disipó su acento, se disiparon los tesoritos que guardaba al fondo del armario, en la caja redonda de pórex que olía a fresas con nata de su tarta del primer cumpleaños sin mamá, tantos regalos y vestidos brillantes. Se disiparon también los pocos amigos que logró hacer en Coruña y las compañeras de la T4. Cuanto más me quitas más grande soy, el hoyo, la oscuridad, el globo en la garganta. Ella lo llama repéntigo, un vértigo repentino que conoce desde niña, un abismo de vergüenza y susto, la sensación de ahogo, náusea y dolor que empieza en el estómago y asciende en latidos, soy irrelevante, todos me ven, las cosas suceden fuera, nada de lo que hago cambia nada fuera. Estos días está descubriendo que el repéntigo no se quedó en Perú, como había creído. La siguió a España y durante siete años estuvo dormido. Ahora vuelve todas las mañanas, sensación, emoción y carne, en la habitación que es su único refugio, donde está prohibido vapear, tener una tortuguita, llevar a un chico, qué chico, ningún chico.

Mirar el teléfono a veces desinfla el globo que se hincha en su garganta. En Instagram aparece otro reel perfecto de Valeria, la actriz, la empresaria, la que fue niña prodigio de la tele peruana. Ella no ha renunciado a su acento, la piel tan blanca, los labios llenos, los ojos verdes, este lugar maravilloso es un centro de arte sostenible, en plena sierra de Madrid, celebrando el cumpleaños de Carlo, su nuevo novio, un tipo atractivísimo de barba, como medio filósofo, medio rockstar. Valeria apenas lleva dos meses en España. Leydi la vio entrar por el aeropuerto con su niña de la mano, trazaban a su alrededor un redondel invisible de puro oro y gominolas. Acaba de llegar y ya ha conseguido todo lo que yo no tengo. Y eso que vino sin nada, que no conocía a nadie, que vive de alquiler, en un ático enorme de Malasaña, y en las fotos siempre sale preciosa aunque no pose, rodeada de amigos que la adoran, feliz porque pincha en el Tupperware o porque dirige un lab de mujeres creativas o porque ondea en un río que abraza su silueta, cómo puede flotar así si no tiene un gramo de grasa, su larga melena es un aura que repele la desilusión y el fracaso, es el antídoto del repéntigo.

Escribe: Hola, Valeria! Te acuerdas de mi, de la jamonería de la T4? Me gustaría ser tu amiga.

Enviar.

El lunes la despierta a mediodía el olor a cebolla frita entrando en la habitación para instalarse dentro del armario de tela y adueñarse de toda su ropa. Al salir de casa, ojea Instagram. Valeria no ha leído su mensaje, no va a estar mirando las redes todo el día, qué abrigo más bonito lleva, no puedo más, tengo que parchear el chubasquero, la lluvia, el frío, las manos congeladas, los sabañones, el agua que le entra en los oídos, los conductores furiosos, las rejillas del metro resbaladizas como el aceite, no puedo con esto, los retrasos, las caritas, muchas, muchísimas caritas tristes.

Llega a la primera entrega tarde, empapada, apestando a fritanga, con el pedido de La Marmita Veggie desparramado por la bolsa de cartón. Abre la puerta un chico tatuado, y eso ya se sabe en qué deriva: toda su cara se enciende. Caen chorros en el felpudo, parezco un oso en una máquina de autolavado. No se me ocurrió pedir sopa, pero con este tiempo me cunde, dice él, riendo, Leydi quiere llorar. Cuando te pasas horas repartiendo comida, comprobando que la gente está ociosa y tiene dinero para comprar cosas ricas y tú no, no te apetece que te hagan bromas, pero el chico es bastante guapo, así que Leydi sonríe. Para ahí, que se te van a ver las encías. Justo entonces, a las 16:07, entra el aviso de un nuevo servicio entre la chacinería y la casa de la avenida Gerión.

Nada parece hacer cambiado en el local. Pueden ser exactamente las mismas hojas de bacalao, entreverando su olor con el mismo pedazo de unto ante el balanceo de los mismos chorizos. Leydi no es observadora, quién sabe desde dónde le crece la certeza de que cada cosa permanece en el lugar en el que estaban el lunes pasado, la mota de polvo, la gota de grasa, el jamón a medio deshuesar, el paquete sobre el mostrador, las manchas rojas en el papel de periódico. Otro envoltorio pringoso puede arruinarle la entrega, pero esta vez está preparada: en su mochila trae varias bolsas de plástico de la churrería bajo su piso, que su casera atesora plegadas en triangulitos obsesivos. Ya está saliendo cuando recibe un mensaje desde un número desconocido: me has gustado, sopita! quedamos un día de estos?

Los fogonazos que se encienden en los ojos de Leydi, parte miedo, parte orgullo, parte lágrima, deslumbran a los filipinos que se cruzan en el callejón. Antes de arrancar el patinete guarda el número: Vegano Wapo.

Todos los lunes de octubre, Leydi ha cumplido con el encargo de la Chacinería. Siempre ha sido exactamente igual: sencillo, puntual, rápido, pringoso, entrega sin contacto. Siempre la han recibido el suspiro en las cortinas, los machetazos en el tajo, el paquete envuelto en periódico sucio. Siempre se ha acordado de aportar una bolsa de plástico, ha subido al sexto por la escalera accesoria y se ha encontrado con la puerta de servicio abierta, el perro ladrando, la oscuridad observando. Ha dejado el paquete junto a la bandeja de plata en la que las monedas polvorientas pasaron de dos a cuatro, después a seis y a ocho y a diez. Si las tocara, alguien saldría desde la oscuridad gritando ¡ladrona!, los ricos son gente rara. Al salir, oía crujir los pliegues de la bolsa. Una vez miró por encima del hombro, el paquete ya no estaba. Eso no lo hace una interna, pero sí lo haría, está segura, una anciana noble que nunca mostraría cómo su belleza de antaño se había convertido en una cáscara de huevo rota. Los ricos venidos a menos son gente aún más rara.

Pero esto, más que una rareza, es una estafa.

Empieza noviembre con 25 euros menos de lo que contaba cobrar. En el reporte de Cuiko faltan las cinco entregas de cada lunes entre la chacinería de Salsipuedes y la casa de los ladridos. Los datos han desaparecido, no hay números de teléfono. Después de pagar el alquiler, el móvil, el plazo del patinete, de hacer la compra para todo el mes, le quedan 12,73 hasta diciembre. Ya puedes espabilar con las propinas, Ley, sé realista, esto no es lo tuyo, eres lenta, eres tonta, ni Valeria lee tus mensajes, pueden ser mil cosas, deberías borrarlos, ella dijo que le escribieses. Seguro que mintió.

Las palabras de su mente se le atragantan en el esófago, todos pueden verlas, se percibe en el pelo, en la ropa de los chinos, se le ve en la boca torcida, lo ven pero no te miran, eso también es el repéntigo. Llegó cuando su madre se marchó a España y la dejó con la abuela Tomasa, que ya se encargaba de otros tres nietos suyos o de otras a cambio de casi nada. Leydi se escapó esa misma tarde, nadie se lo impidió, se metió en la selva y siguió corriendo hasta la cueva donde duerme la noche, hasta el borde de un abismo, los dedos de los pies encogidos y clavados en la tierra, no te caigas. Ahí abajo vivía el repéntigo, noche, pelo, vergüenza, boca, peste, sueño, sangre, miedo, repéntigo. Yo soy como tú, cuanto más me quitas, más grande soy. No dejes que nadie me vea.

Por la mañana, regresó a casa de la abuela sin equivocarse, el repéntigo la guió. Era domingo, despertó al primo Andresito y le dijo, ven, ponte bien macuco, que nos vamos a la feria. El niño se vistió, se peinó la raya, se encolonió, se plantó en la puerta, pero Andrés, tráete a tu perrito, pero tráetelo sin correa, por qué sin correa, y si se pierde, no se pierde, no, que es más listo que nadie, que también tiene derecho a andar libre. Andresito obedeció, le tuvo miedo a Leydi. La feria era una marabunta, Leydi corría, Andresito lloraba agarrado a su mano, el perro quedó atrás, se lo tragó la gente y el primo no se había atrevido a agarrarlo, a pararse y decir no, Andresito dejó que la marabunta devorase a su cachorrito, nunca más apareció, y Leydi no pensó en lo que había hecho, no fui yo, fue el repéntigo, se dijo, y desde ese día fue la favorita de la abuela. Resultó que Tomasa odiaba a los perros.

Entonces, aquel precioso peluche, el osito azul celeste que le había regalado mamá hacía tanto tiempo, se contagió con ella del repéntigo. Cogió un horrible tono oreado y el pelo se le apelmazó, áspero y pegajoso como el de un gato atropellado. Leydi empezó a odiarlo, en él veía a su madre, que la dejó atrás, que no la quería con ella. Los cercos amarillentos crecían, pero no se atrevía a tirarlo porque todavía le tenía cariño, al osito que fue, a quién ella había sido. Sentía que le debía algo y lo mantenía sobre su cama, debajo de todos los demás, escondido. Leydi hoy es como ese peluche, el día en el que se acuerdan de él y lo sacan del agujero y por unas horas reina sobre el edredón y es el que recibe más abrazos. Vegano Wapo ha enviado un mensaje, vamos mañana al concierto de Valeria? ya veo en tu insta que eres muy fan.

Necesito los 25 euros.

En Instagram, Valeria pincha música en el porche de una casa de campo. Una fiesta con bombillas coloridas, máquina de humo, gente guapa pero no pija, guapa interesante, dos veces guapa: gozandito el veroño, ha escrito en la story. El mensaje de Leydi está visto, sin respuesta. Porque le he escrito una gilipollez, por qué va a querer ser mi amiga, lo he estropeado, ya no hay oportunidad, ¿le gustará que vaya al concierto?

Escribe: Hablamos hará un mes, en Barajas, recuerdas? Te puse una chapatita ibérica, le di a probar cecina a Lula, cómo le gustó, me dijiste que ahora vives en Madrid, nos hicimos una foto, nos dimos un abrazo. Compatriota, me dijiste, nos vemos de nuevo, tú y yo vamos a ser amigas, dijiste. Escríbeme por insta. Lo dijiste.

Eliminar.

Escribe: Sé donde vives, sé donde vive Carlo. Sé en qué parque juega Lula. Lo sé todo porque lo publicas todo, estúpida vanidosa.

Eliminar.

Escribe: Omggggg estás en tu era cool. Nos vemos mañana en el concierto!

Enviar.

El callejón de Salsipuedes atardece envuelto en un vapor verdoso de humedad y baos. Al fondo, la chacinería se ve diferente. La puerta está cerrada, obturadas las rendijas por grumos de polvo, moscas, cabellos y colillas, la materia del olvido. Será que no abre los sábados, una explicación ridícula de una mente ridícula, Leydi, cabeza de cáscara de avellana, pequeña, vacía, con agujerito de embichada, de verdad que no se te ocurre nada más.

Qué hacer. Regresar a la casa de los ladridos, coger aquellas monedas, pedir, robar, rogar, suplicarle a Valeria, sé que es mucha cara, pero hago lo que quieras por dos entradas. Te limpio el coche, te cuido a la nena, por favor Valeria dos entradas, no me destroces la vida, eres tan buena, eres mi amiga, eres perfecta, quiere escribir y no escribe, Valeria no existe, Valeria se ha disipado, Valeria la ha bloqueado.

Leydi murmura un insulto que suena como un lamento a lo largo de toda la avenida Gerión, palabras enganchadas unas a otras que todavía no ha terminado de escupir cuando llega a la casa de los ladridos y un portero que no es el los lunes le cierra el paso con una mueca en su cara de silbato acalorado.

Pare ahí, pare. Adonde va.

Entrega de Cuiko Delivery.

Yo no veo ningún paquete.

Es más bien un mensaje.

Y tiene identificación, que se nos ha llenado el barrio de las bandas esas. Hasta el ambientador se llevan.

Voy al sexto, vengo todas las semanas. Me conocen.

¡El sexto! Ahí no vive nadie desde que falleció el señor Enrique Julí.

Pero vamos a ver, si yo.

La planta entera está clausurada, para que no nos entren los okupas.

Si yo he entregado un paquete el lunes.

Haga el favor de salir.

¿Por qué la gente es tan idiota?

Idiota será usted, porque ni yo ni ninguna de las personas que viven en este edificio lo somos.

Parpadean las certezas, Leydi se apoya en el escaparate de una lavandería, tengo que hablar con alguien, la gente es idiota, la gente no entiende, oye, por qué crees que la gente es tan idiota, pregunta al único que sin niguna duda va a responder su mensaje

Las personas pueden ser idiotas por muchas razones, por ejemplo: falta de información o educación, pensamiento emocional, sesgo cognitivo, falta de empatía, influencia del entorno. Es importante recordar que todos podemos parecer idiotas en algún momento, responde Chat GPT.

Entonces, por qué alguien te ofrece su amistad y después te ignora, yo no lo entiendo.

Puede haber varias razones detrás de ese comportamiento: distracción u ocupaciones, cambios en las prioridades, miedo al compromiso, juegos psicológicos, falta de interés genuino. Lo importante es recordar que no siempre es personal y que vale la pena rodearse de gente que realmente valore y respete la amistad.

Qué listo eres. A ver, dime por qué la chacinería de Salsipuedes envía cada lunes un paquete al tal Enrique Julí, si él está muerto y en su casa ya no vive nadie. Dime, por qué no me pagan.

Podrían existir varias explicaciones, algunas realistas y otras más humorísticas o absurdas: error administrativo persistente, una tradición o compromiso inquebrantable, negligencia o desinformación, humor o absurdo surrealista, acto simbólico o supersticioso. En cualquier caso, D. Enrique Julí, boticario real, falleció en su casa de Madrid el 1 de octubre de 1877.

Chatito, bonito, tú que lo sabes todo, tú que no me vas a mentir, qué me cuentas de ese don Enrique del siglo pasado que me debe 25 euros, quién es, dónde está, cómo lo encuentro.

Para encontrar información sobre un crimen sucedido en Madrid en 1877, puedes recurrir a varias fuentes: hemerotecas digitales, archivos históricos, bibliotecas y museos, libros y publicaciones, bases de datos académicas.

"Todos los detalles sobre el crimen de la chacinería". "Sucedió el lunes". "Un espantoso descubrimiento". "Buscan en las alcantarillas". "Un señor de buena familia", titulares de prensa antigua, vieja como el papel que envuelve los paquetes que Leydi entrega cada semana.

Lunes. A las 16:07, una notificación parpadea en la pantalla iluminada en el teléfono preparado en la mano de Leydi. Recorre el callejón de Salsipuedes, el musgo llora desde las paredes, sus pies empapados suenan a barro al encogerse dentro de las botas, los dedos tratan de aferrarse al suelo, para qué te asomas al abismo, sabiendo lo que sabes. Atraviesa el umbral de la chacinería repitiendo el acto que el lunes,1 de octubre de 1877, inició Enrique Julí, boticario real. La puerta se cierra a su espalda. Suenan cinco campanadas, crece el susto en su garganta, las cortinas tiemblan como temblaron aquella tarde, después de que Enrique cerrase la puerta, lanzase un puñetazo a la cara de la chacinera Beatriz y la arrastrase a la trastienda, según decían las crónicas de la época.

Las rodillas se le doblan al oír el primer golpe de macheta, un fantasma es una presencia que ya se ha ido, es un hueco que lo llena todo, a ese golpe le siguen todos los que Enrique necesitó para degollar y despedazar a Beatriz sobre su propio tajo de árbol centenario. Lo hizo despacio, casi con delicadeza, detallaba la prensa, en trozos grandes que después rebajó a medianos y finalmente desmenuzó hasta lo irreconocible. Sólo dejo enteros dos fragmentos, los que eran su obsesión. Leydi percibe los matices de los cortes en la vibración del aire, el hueso ancho, la fibra tierna, el grumo que estalla. Un olor diferente, de vida fresca, se abre paso a bocanadas llenas que entran por su boca. Un fantasma es un gesto que nunca termina, un acto sin actor, una repetición sin voluntad.

Leydi extiende el brazo, impulso eléctrico desde sus dedos, uñas largas de fondo negro, hacia el paquete sobre el mostrador. Alguien me espera, algo me necesita. Arranca la hoja de periódico que lo envuelve; es la primera plana de El Imparcial, fechada a lunes, 1 de octubre de 1877, un fantasma es una fecha exacta que es errónea. Bajo el papel aparece un atado de paño. Destellos en los bordes de sus ojos, Leydi ve la trama de la tela y por debajo el giro de los hilos y dentro un desorden de fibras blancas que se transforman al emerger círculos de suero fresco, húmedo, encarnado, se contaba en la ciudad que la chacinera Beatriz podría pasar por reina, si no fuera porque en su perfecta mano izquierda faltaba el dedo índice, perdido de niña al despiezar un cerdo. Un fantasma es una reiteración idéntica, una obsesión desligada del obseso, al desanudar la tela, dos hermosas manos de mujer, largas y leves como lirios, caen sobre el mármol del mostrador.

Cómo no iba a estar Enrique obsesionado con esas manos, si al verlas Leydi desea que las suyas sean arrancadas con la misma crueldad con la que ella se arranca los pellejos hasta que el dolor no le deja dormir. El hueco de un dedo mutilado las hace todavía más dulces, más dignas de piedad. Cómo no protegerlas y conservarlas, como quiso el boticario, que desintegró la cabeza, los ojos, la lengua, hasta los pechos de Beatriz, pero tomó las dos manos, explicaban los reporteros, las envolvió en un paño blanco que cubrió con un ejemplar de El Imparcial y se las llevó a su casa, en el 14 de la avenida Gerión, donde entró por la puerta del servicio, a juzgar por el reguero de sangre y el testimonio del portero.

En la casa de los ladridos, delante de la entrada de servicio abierta, Leydi avanza más allá de lo que nunca se atrevió. Rebasa el mueble, la bandeja con 12 monedas plateadas, alcanza el lugar oscuro donde vive la masa ondulante, los ojos que observan, la carne del repéntigo, alguien que me espera. El sabor ácido de la selva impregna su saliva: hierro, tierra, fermento, lombriz. Cruza un pasillo flanqueado por puertas tapiadas que remata en un salón, el papel de las paredes despellejado, el cuero negro del repéntigo que se abre paso bajo su piel, fragmentos del techo esparcidos sobre las sábanas viejas que cubren una mesa, un sofá, un piano de cola.

Leydi aprieta el paquete contra su pecho. Se derrumba ante la chimenea de mármol, el lugar donde Enrique se mató a si mismo, leyó en los periódicos, clavándose una fina daga, 17 alcances, todos mortales, en cinco puntos vitales. Era imposible, pero no había otra explicación. La garra del repéntigo llena su garganta, le agarra el estómago y tira fuerte hasta arrastrar los intestinos. Los perros ladran, también ladraban aquella tarde. Fue por eso que el portero subió, atravesó las puertas abiertas, entró en el salón y descubrió el cuerpo destrozado. El hombre declaró después a la prensa que el rostro del boticario era la imagen del espanto, pero que lo que le hizo salir corriendo fue ver, en el suelo, las manos cortadas de Beatriz dulcemente entrelazadas en torno a la empuñadura de un puñal de caza. Los dedos de Leydi se contraen como antenas retractiles al encontrar sobre la alfombra el tacto de una maraña de bolsas de plástico. Un fantasma es un mueble olvidado en una casa, cubierto con un paño blanco, esperando a que regrese la familia. Un fantasma, aunque lo oculte una sábana, siempre se reconoce. Todos sabemos qué hay debajo.

El vulgo es ignorante, decían las líneas impresas. Lo que no comprende, lo inventa. Idea misterios, esparce rumores, las ferias y las tabernas se inflaman con las supersticiones. Que la que no pudo defenderse en vida lo hizo después de la muerte. Que nueve dedos sin cuerpo clavaron el arma y se tiñeron de rubí.

Y si escuchas en la noche

un sonido de cuchillas

son las manos de Beatriz

que están buscando justicia, susurra Leydi, y su voz se ha hecho ronca, de raíces hondas, una mezcla de ahogo, náusea y dolor, el repéntigo trepa desde el abismo que guarda en su pecho. Las manos de un fantasma están condenadas a repetir su último gesto, es lo único que saben hacer. Circula el tiempo, el ademán perdura desconectado de la emoción, en todos los momentos, en todos los lugares.

Sus dedos de repéntigo buscan el móvil, desbloquean la pantalla, abren la app Cuiko Courier. De quién es ese pulgar torturado que teclea sin duda, es suyo o es de todas las personas abandonadas, la soledad provoca coincidencias. Servicios en curso. Seleccionar. Envío desde Chacinería Chacinería. Seleccionar. Datos de entrega. Modificar. Nuevo destino. Introducir. Valeria Condori, calle Malasaña 12, ático. ¿Confirmar datos?

Aceptar.

LA BIBLIOTECARIA

POR MÓNICA GUTIÉRREZ

La noche en la que las puertas de Toledo temblaron como si una mano terrible las sacudiera todas a la vez, faltaban cinco días para la Noche de Ánimas y a Vega se le seguía resistiendo el conjuro de ordenación alfabética. Había heredado de su abuela su puesto al frente de la Biblioteca Sombría, a principios de año, y deseaba demostrarle al Concilio que no se había equivocado permitiendo el relevo generacional. Junto con la responsabilidad de cuidar de centenares de libros sobre Ars Toletana que conllevaba el puesto, había heredado un gato naranja llamado Teo y un informático misántropo —de escasa esperanza de vida, a juzgar por su alimentación— que trabajaba en la implementación de un sistema de préstamo bibliotecario propio del siglo XXI.

—¿Un terremoto? —le preguntó al informático cuando cesó el retumbar que sacudió la noche.

El experto se encogió de hombros y la ignoró, sumido en el reflejo azulado de las pantallas, entre un montón de bolsas de caramelos y bebidas energéticas. Vega contempló la alfombra de agujas de cedro que había dejado la sacudida cósmica y supo que algo andaba mal en su biblioteca. Abandonó su infusión de salvia junto a la pila de libros devueltos y decidió inspeccionar, escoltada por Teo. El suelo de madera crujió bajito, acostumbrado a sus pasos corteses, cuando se acercó a la sección de Astronomía. La Biblioteca Sombría ocupaba la planta baja de la Torre, por lo que sus estanterías describían una suave curva para adaptarse a las paredes y se organizaban en cinco semicírculos superpuestos, uno por cada Ars que todavía seguía impartiéndose... más o menos. Hubo un tiempo, en época del scriptorium de Alfonso X, en el que la Biblioteca albergaba doce círculos completos de estantes. Solo Alejandría había acogido semejante riqueza filosófica y científica.

Recorrió el semicírculo exterior, rozando con los dedos, al pasar, los lomos de los libros dormidos en la suave penumbra que proporcionaba la única luz nocturna de las lamparitas de las mesas de consulta. Ni las dos secciones de Nigromancia —la general y la de invocación de los muertos— ni la de Adivinación parecían haber sufrido cambio alguno. Pero apenas se había adentrado en el semicírculo de Demonología cuando la abofeteó un fuerte olor a azufre y magia. A su espalda, Teo soltó un bufido y huyó a la carrera.

Buscó a tientas en uno de los amplios bolsillos de su falda de vuelo y se agarró al saquito de hierbas que su abuela renovaba cada luna llena. En la punta de la lengua, un hechizo de protección. Pero cuando tuvo a la vista el origen del terrible olor, se sintió incapaz de pronunciar palabra alguna. Miró horrorizada aquella oscuridad pestilente y buscó apoyo en las estanterías para no caerse de la impresión. Sus instintos de bibliotecaria la mantuvieron en pie: deseó que los fuegos del infierno cayesen sobre el monstruo que había hecho desaparecer casi toda la letra M de la sección de Aritmancia.

Dux cruzó el Tajo y entró en el casco antiguo de Toledo por la Puerta del Cambrón al amparo de aquella recién estrenada noche otoñal. Recorría la calle Real en dirección noroeste como si llegase tarde a un duelo contra el arcángel Miguel, aunque lo único que lo perseguía, resollando y con la lengua fuera, era el profesor de Pociones, Rodrigo Sancho, vicepresidente del Concilio. No era habitual que el Concilio solicitase intervención externa para investigar los desastres que acontecían en la Torre, por lo que Dux iba preparado para encontrarse con cualquier disparate sobrenatural. Hacía muy poco que servía en Toledo, había llegado con el reemplazo del diciembre anterior, y aquella era su primera misión para el Concilio.

El profesor Sancho lo detuvo cerca de la Puerta del Cristo de la Luz con un carraspeo educado, probablemente porque todavía no le llegaba el aliento para formular una frase completa. Señaló una maraña de callecitas mal iluminadas que serpenteaban entre ellas y la Puerta de Bisagra. Dux dejó que el profesor lo precediese hasta un edificio que segundos antes hubiese jurado que no estaba allí. A simple vista se confundía con parte de la muralla, hasta que un juego de sombras, cortesía de la luna creciente, hacía aparecer un callejón empedrado y estrecho. Al final del angosto pasaje adoquinado, un edificio a oscuras, con los portones cerrados, la piedra de su fachada entretejida con hiedra trepadora, musgo y hojas de dedalera. El rótulo, de una madera tan antigua como el pecio de un galeón naufragado en tiempos del rey Alfonso, resultaba complicado de leer por lo desgastado de su grafía: Las doce casas. El profesor le soltó a la puerta un latinajo con el poco aliento que le quedaba y esta se abrió al interior de una taberna desierta, bañada por una luz dorada sin origen visible y por el aroma de la canela y del mazapán recién horneado. Tras el mostrador, a una cantinera sonriente se le atragantó la bienvenida cuando se fijó en Dux.

—Buenas noches, Miriam —la saludó Rodrigo Sancho pasando de largo el mostrador y dirigiéndose hacia el fondo de la taberna. Abrió una sección de la pared y lo invitó a pasar—. Adelante. No son las letrinas, si es lo que le preocupa —añadió al notar su reticencia—. Y peores puertas habrá traspasado.

Antes de cruzar, Dux se aseguró de que sobre el dintel no hubiese ningún rótulo del estilo Abandonad toda esperanza los que aquí entráis. Había oído hablar de la Biblioteca Sombría, pero no había prestado demasiada atención: según sus antecesores en el cargo, las misiones para el Concilio solían requerir más de una espada que no de un libro raro del siglo XIV. Sabía que, en las últimas décadas, casi la mitad del fondo bibliográfico se había trasladado a la Escuela de Traductores, aunque no dejaba de ser impresionante. Aquel lugar era la planta circular de una torre de piedra gris, salpicada del verde de la hiedra trepadora y del morado y rosa de las flores de dedalera, cuya altura sin techar se perdía en un cielo estrellado. Sin embargo, lo que más lo impresionó fue el enorme cedro que dominaba aquel lugar fabuloso, alrededor del cual se curvaban, a distancia reverencial, las estanterías de madera repletas de libros. Calculó que su copa se alzaba a unos cuarenta metros de altura, y que sus raíces debían llamar a las mismas puertas del infierno. Sus frondosas ramas se mecían muy despacio, al son de la melodía otoñal que susurraba la ciudad, como si sus agujas plateadas, verdes y castañas bailasen para atrapar la luz dorada de las lamparillas de lectura.

—Es un cedro del Líbano —dijo una mujer joven acercándose desde el otro extremo de la sala—. Pronto cumplirá seiscientos años. Creció de un esqueje del cedro que plantó en su scriptorium el rey Alfonso X.

Alta, de melena castaña clara y ojos azules, vestía una blusa blanca de manga francesa, falda larga, azul marino con florecillas malva, de vuelo amplio, con grandes bolsillos, y se desplazaba casi como si flotase sobre sus zapatos de hebilla. Su voz recordaba al rumor sordo del Tajo en primavera, bajando alegre, desgastando las piedras a su paso. Cuando Dux la tuvo a cuatro pasos de distancia y le llegó el aroma a enebro, grosella y espino blanco, supo lo que era. Se esforzó en apartar el pensamiento de que, de todas las maravillas que se le ofrecían a la vista, probablemente aquella mujer fuese la más hermosa de todas.

El profesor Sancho se apresuró a presentarlos:

—Vega de Araceli, este es el señor Dux. La ayudará con el... agujero... con los... libros desapa... La ayudará con la cuestión —sentenció impaciente.

La joven le tendió la mano y se le oscureció la mirada en cuanto notó el frío y la fuerza.

—Vampiro —dijo frunciendo el ceño de una forma adorable.

—Bruja —Dux le devolvió el saludo sin soltarla.

—Bibliotecaria, si no le importa. Devuélvame la mano.

—El término correcto es demonio, no vampiro. Una bibliotecaria debería saberlo.

—Les dejo —se apresuró a quitarse de en medio el profesor Sancho—. Tienen mucho trabajo por delante. Informen al Concilio en cuanto solventen la cuestión.

—Profesor, ¿dónde está la investigadora Sorolla?

—Yo soy el nuevo investigador del Concilio —respondió Dux divertido por la contrariedad de la bruja.

La espalda de Rodrigo Sancho estaba a punto de desaparecer a través de la salida cuando, a modo de despedida, le recomendó a su empleada:

—Vega, asista al señor Dux en todo lo que necesite, por favor.

—Pero...

No estaba en la naturaleza de Dux guiñar un ojo con picardía, sobre todo porque contaba con métodos más eficientes de atormentar a los demás, así que prefirió inclinarse sobre la bruja manteniéndole la mirada.

—Ya ha oído al profesor —susurró con toda la seriedad de la que fue capaz—: en todo lo que necesite.

Tuvo el tiempo justo de apreciar el relámpago azul de enfado que cruzó por los ojos de la joven antes de que le diese la espalda. Conociendo el espantoso carácter de la investigadora Sorolla, la bibliotecaria debería sentirse más que contenta con su reemplazo.

—¿Quién es? —preguntó el demonio al percatarse del hombre que se escondía tras unas pantallas, entre un montón de basura.

—El informático.

—Su sangre huele como un contenedor de colesterol y glucosa.

—Acompáñeme —le pidió dando por zanjada la discusión sobre el aciago destino del informático—, le enseñaré lo que ha pasado ¿Le han explicado de qué se trata?

Dux se relajó y adoptó un tono más profesional. Una bruja, un gato naranja, un cedro centenario y un informático suicida en una biblioteca: parecía el inicio de un mal chiste entre los parroquianos de la taberna que acababa de atravesar.

—Carezco de detalles —contestó—. Solo sé que ha aparecido un agujero en la biblioteca.

La siguió a través de las estanterías, distraído a su pesar por el fluido movimiento de los rizos castaños de su anfitriona, ajeno a los títulos de los libros que iban dejando a su paso, como si un hechizo lo obligase a ignorarlos. A medida que se aproximaban al corazón del semicírculo, el aroma a enebro y espino de la bruja perdía terreno en favor de otro menos agradable y más familiar. Azufre y magia. Un agujero se había tragado casi una sección entera de la biblioteca, incluido el suelo, como si un láser hubiese recortado un pedazo de la realidad. Aunque la bibliotecaria se quejaba sin cesar por la desaparición de sus libros, a Dux le preocupaba más el profundo vacío circular que se había abierto en las profundidades. Se asomó dispuesto a retar a cualquier abismo que le devolviese la mirada, aunque no encontró más que vacío y oscuridad. Por el rabillo del ojo vio resbalar un zapato con hebilla y un borrón de faldas de florecillas estampadas se precipitó por el agujero. Atrapó a la bruja al vuelo y la apretó contra sí un poco más de la cuenta, sorprendido de lo agradable que resultaba el contacto.

—¿Podría hacerme el favor de no morirse todavía? —le pidió sin dejar traslucir lo que pensaba.

—Me ha parecido ver algo en el fondo.

—Sus libros no están ahí.

—Si fuese tan amable de soltarme... Necesito una taza de té.

De vuelta a su escritorio, se preparó una tetera que olía como un jardín mientras Dux paseaba alrededor del magnífico cedro haciendo acopio de paciencia. Al menos tuvo la sensatez de no ofrecerle una pasta de limón y lavanda cuando se sentó con su humeante taza y le pidió que se acercase.

—¿Qué pasó exactamente?

Dux conocía el origen del temblor de la noche anterior, procedía de las puertas de la muralla. Tenía un par de teorías al respecto, ninguna de las cuales coincidía con la desaparición de un pedazo de la Biblioteca Sombría. Escuchó atento las explicaciones de la bruja, le hizo algunas preguntas y decidió abordar primero el elemento discordante de todo aquel asunto:

—Si he entendido bien, la mayor parte de los libros volatilizados...

—No diga esa palabra.

—... son manuales de Aritmancia. ¿Quién querría hacerlos desaparecer y por qué se le fue la mano con el hechizo?

La bruja se lo quedó mirando con desaprobación, no parecía de acuerdo con su conclusión sobre los acontecimientos, pero en lugar de discutir se terminó su taza de brebaje floral y le tendió un enorme libro de cubiertas rojas.

—Este es el registro de los usuarios que entraron ayer en la biblioteca.

—¿Los alumnos del IES Sefarad? Están cerca de la Puerta del Cambrón y el instituto fue un antiguo matadero. ¿Son alumnos de Demonología? —preguntó inspirado por una alegre asociación.

—Son una lamentable confusión. El Concilio siempre anda a la búsqueda de aprendices de Ars Toletana, por lo que firmó un acuerdo con la Consejería de Educación mundana para ofrecer talleres de iniciación. El profesor Sancho envió al IES Sefarad la programación de un curso de pociones titulada Introducción a los filtros, y una docena de alumnos de primero de la ESO se apuntaron a la extraescolar pensando que trataba sobre Instagram. No sé si está familiarizado con las redes sociales...

—Alguien de mi familia las inventó.

—El Concilio les ofreció una visita a la Biblioteca como disculpa por el malentendido. Miriam expandió el hechizo de su taberna para que a ojos de los chicos resultase una biblioteca corriente y se fueron después de veinte minutos de arrastrar los pies alrededor de un cedro invisible a sus ojos.

Dux repasó el resto de entradas del registro y señaló un nombre.

—Es un alumno de Aritmancia.

—¿Buen estudiante?

—Podemos preguntarle a su profesora. Todavía estará despierta. Con luna creciente, los de Astronomía arman jaleo en lo alto del torreón.

La bruja apoyó la palma de la mano sobre la piedra y el muro se abrió, algo renuente a su petición, dejando al descubierto una amplia escalera de caracol. A medida que subían por el corazón de la torre, la joven le explicó que tenía doce pisos, uno por cada casa gremial de las antiguas Ars.

—La Torre se ha ido vaciando porque algunas disciplinas desaparecieron por falta de alumnos y otras fueron trasladadas a lugares más adecuados, como Nigromancia: tuvimos que enviarlos a practicar a Nuestra Señora del Sagrario, llamar a un exorcista y ventilar su pestilente planta. Astronomía está arriba del todo, Demología, en la primera planta (ni se le ocurra entrar si no quiere que lo aniquilen a preguntas, o cortándole la cabeza, o estacándole el corazón, solo por practicar). Adivinación, en la segunda, y Aritmancia está justo aquí —anunció empujando una puerta chirriante que desembocaba en un espacioso vestíbulo de paredes cubiertas por lustrosos tapices medievales.

Localizó a la profesora de Aritmancia y, en cuanto le recitó la lista de libros desaparecida y le preguntó por su alumno, lo encontró muy sospechoso.

—¿Sergio Martínez en la Biblioteca? —se extrañó—. Antes me saldrán flores por las orejas que ver semejante milagro.

La profesora salió un momento del despacho y volvió acompañada de un adolescente pelirrojo, pecoso y medio dormido, que se despertó de golpe en cuanto reparó en Dux.

—¡Profesora Fern! —gritó señalando con un dedo al investigador y retrocediendo de espaldas hasta chocar contra la pared— ¡Se le ha colado un licántropo en el despacho!

—¿Ven a lo que me refiero? —suspiró la señora poniendo los ojos en blanco.

—Muchacho —siseó Dux bastante molesto por lo del licántropo—, ahora mismo —pronunció con su voz más oscura, acercándose despacio a su presa como el depredador que era—, podría desangrarte de un solo mordisco. O partirte en dos, a tal velocidad, que no tendrías tiempo de pensar en lo mucho que mola mi espada de fuego. ¿Crees que eso podría hacerlo un licántropo?

Cuando pronunció la pregunta, apenas lo separaba un palmo de la asustada cara del pelirrojo que, como un ratoncito tembloroso, seguía prendido de la mirada poderosa de la amenazante bestia.

—Señor Dux, no me parece ético ni necesario...

Detuvo la protesta de la bruja con un gesto y, en cuanto el ratoncito negó con la cabeza, continuó:

—Tienes suerte, muchacho, porque no quiero asustar a la bibliotecaria. Así que te voy a contar una historia y tú me vas a decir si es cierta o no: no te apetecía suspender otra vez el examen de Aritmancia, por lo que a ti y a tus amigos se os ocurrió poner en práctica un hechizo de invocación en esa sección de la Biblioteca. Sin libros no se puede estudiar, pero es causa justa para solicitar un aplazamiento de examen. ¿Qué tal voy hasta ahora?

El chico tragó saliva y asintió.

—El problema es que se os fue un poco de las manos.

De vuelta a la Biblioteca Sombría, Vega no estaba del todo segura de cómo enfrentarse a aquel imponente demonio de piel aceitunada, ojos verdes, y un pelo tan oscuro como su conciencia. Vestía un traje negro de tres piezas, que le sentaba tan bien como si le lo hubiese confeccionado a medida el mismo Lucifer, y la correa de la espada le atravesaba el pecho en diagonal. Portaba el arma enfundada a la espalda, disimulada a ojos mundanos como el portaplanos de un arquitecto. A través del glamour, Vega podía ver el extremo desnudo de la empuñadura, decorada con escamas draconianas del color de la obsidiana, sobresaliendo sobre su hombro izquierdo. Dux no era su verdadero nombre porque ningún demonio se arriesgaría a conceder a nadie ese poder sobre sí mismo. Como investigador del Concilio se suponía que no podía hacerle daño y que estaba allí para proteger y servir. Pero su comportamiento en la Torre, con ese pobre estudiante...

Vega recordó sus libros chamuscados y le dio un poco menos de pena el alumno de Aritmancia. La profesora Fern les había prometido que se encargaría de restaurarlos y devolverlos a su lugar, así como del castigo del díscolo pelirrojo. Suponía que un hechizo de invocación, ejecutado con demasiada fuerza, zanjaba el misterio del agujero en su biblioteca. Pero la magia nunca resulta sencilla y siempre es mucho más oscura de cómo la pintan en los cuentos de los hermanos Grimm. Tal vez por eso, el demonio le devolvió una mirada insondable cuando ella le preguntó si todo quedaba solucionado. Ignoró inexpresivo sus reproches sobre amenazar a los alumnos de la Torre, apartó a Teo con suavidad cuando el gato volvió a bufarle y le pidió un mapa intramuros de Toledo.

—¿De qué siglo? —preguntó Vega tras unos segundos de desconcierto.

—Uno sobre el que pueda dibujar.

Dibujar. En un documento de la Biblioteca Sombría. De todas las barbaridades que le había visto hacer y decir esa noche, aquella le pareció la más perversa y demoníaca.

Reacia, sacó uno de los mapas turísticos que guardaba en los cajones de su escritorio. Lo extendió sobre la mesa y lo encaró hacia el investigador. Sin titubear, el demonio localizó el norte y dibujó una estrella de cinco puntas sobre el plano con un rotulador tan negro como el alma que debía haber perdido hace siglos. Vega reconoció el vértice norte en su biblioteca, muy cerca de la Puerta de Bisagra. Podía leerse como una simplificación geométrica de cinco puntas del hombre de Vitrubio de Leonardo da Vinci: la cabeza era la Biblioteca Sombría, los brazos y piernas, al oeste, la Puerta del Cambrón y el Puente de San Martín, y, al este, el Puente de Alcántara y la Iglesia de San Miguel, respectivamente. Un símbolo para la protección de la ciudad que el Concilio mantenía desde 1603, cuando el encarcelamiento de Magdalena de Guzmán, Marquesa del Valle, puso en evidencia su necesidad.

—Ese agujero —dijo Dux señalando con la cabeza hacia las estanterías—, en otra biblioteca, en otra ciudad, no hubiese supuesto más complicación, pero aquí... Es demasiado profundo.

Todo era silencio en la biblioteca. El informático dormía desplomado sobre su mesa y Teo se había escondido bajo el mostrador de préstamos. El reloj de la Torre tocó la medianoche y el gran cedro se detuvo a escuchar. Vega sentía un temor extraño creciendo en su interior. Se acercó un poco más al investigador, como si la solidez de su cuerpo —por no mencionar la temible espada de fuego que llevaba en ristre— pudiese ofrecerle protección.

—El azufre —susurró.

—Ningún hechizo de invocación huele así —asintió Dux—. La explosión y el exceso de magia despertaron algo. En las profundidades. Algo que dormía, bajo la ciudad antigua.

—¿No fue un terremoto?

—Fue el pentáculo —Dux señaló el mapa negando con la cabeza—. ¿Qué pasaría si se invirtiese? ¿Y si una fuerza maligna tergiversara las líneas de protección?

—El pentáculo se trazó para contenerla.

—Anoche, el Mal llamó a todas las puertas de la ciudad. Desde dentro. No quería entrar sino liberarse, Toledo lo constriñe. Un demonio antiguo se despertó golpeado por ese hechizo chapucero. Y el pentáculo —dijo dándole la vuelta al mapa tras dibujar un nuevo vórtice en el sur del casco antiguo— se pervirtió.

Vega observó dónde quedaba la punta invertida, aunque no lo necesitaba. Sabía perfectamente qué se erigía en ese lugar porque se había pensado como último bastión de defensa en el caso de que un enemigo sobrepasara las murallas de la ciudad: la Escuela de Traductores y la Iglesia de San Sebastián. Un pentáculo de brujas del revés ya no era un símbolo de protección sino una puerta del infierno.

—Tenemos que ir a por ese demonio y destruirlo antes de que consiga salir de Toledo o se vuelva contra él.

—Ya. Un demonio —pronunció despacio la bibliotecaria—. Usted también es un demonio.

—Soy el investigador del Concilio. Hace siglos que mi estirpe juró proteger esta ciudad.

—¿Qué estirpe?

—Buen intento —Y, esta vez, sí que le guiñó un ojo.

—¿A dónde va? —se alarmó Vega cuando lo vio dirigirse a grandes zancadas hacia la salida.

—A presentarle a mi espada.

—Espere, le acompaño. No puedo dejarlo solo contra esa bestia, no sabemos lo peligrosa que será.

Mientras hablaba cogió al vuelo la primera bolsa de tela con motivos literarios que encontró y empezó a llenarla con los manuales de Demonología y Hechizos de Combate que hacía volar hasta sus manos desde sus respectivas estanterías.

—¿Y qué va a hacer? ¿Leerle hasta que se quede dormido? —preguntó Dux cuando se dio cuenta de lo qué hacía— ¿O invitarlo a tomar el té? —añadió sarcástico cuando la vio guardar una bolsita de hierbas en la bolsa.

—Son cosas de bibliotecaria. Yo no le pregunto sobre su espada flamígera.

—Vega —pronunció su nombre por primera vez y fue como una caricia de terciopelo que le descompasó el corazón—, eres una bruja de agua. Tu forma de caminar, el color de tus ojos, el murmullo de fondo de tu voz, lo mal que se te da hablarle a la piedra —enumeró antes de que ella tuviese tiempo de preguntarle cómo lo había averiguado—. En el sur, tendrás al río más cerca que en ningún otro momento de esta noche. No necesitas ninguna bolsa —dijo quitándosela con suavidad.

Sus manos se rozaron un instante y Vega sintió el frío que la atravesaba como una corriente de agua glacial. Olía a tierra mojada, como una tumba recién excavada, pensó sin darse cuenta. Por mucho que intentase engañarse a sí misma, aquel investigador le gustaba más que la anterior. Pensó que refugiarse entre sus brazos sería algo parecido a zambullirse en un lago, oscuro y fresco, a salvo del ruido del mundo, a salvo de cualquier dolor.

Cuando Dux localizó al demonio fugitivo había sobrepasado las defensas de la Escuela de Traductores y se movía bajo tierra en dirección sur. Vega agradeció que el investigador no se burlase de las defensas últimas del Concilio e intentó seguirle el ritmo sin mencionar lo mucho que la afectaba la proximidad del Mal. Nunca antes había salido a la caza de un demonio y se alegraba de no acarrear una bolsa llena de libros mientras lo hacía. La temperatura descendía a medida que se acercaban las primeras horas de la madrugada y la tiniebla otoñal le ganaba el pulso al menguante alumbrado público. Las calles desiertas guardaban silencio, ajenas al mal subterráneo que las recorría. Dux se detuvo, su postura de depredador recortada en la penumbra de la luna creciente. Señaló la calzada a sus pies, desenfundó la temible espada de fuego y abrió una brecha en el suelo como si cortase mantequilla. Vega se asomó y contuvo un grito de asombro: el investigador acababa de descubrir una nueva sección de las catacumbas medievales del casco antiguo. Estaba a punto de advertirle sobre la importancia de conservar el patrimonio histórico cuando lo vio meterse de un salto por la brecha.

—Espérame aquí —la advirtió antes de que las entrañas de la tierra se tragasen su cabeza.

Vega no tuvo que esperar demasiado: tras una docena de rugidos de ultratumba y ruido de lucha, Dux salió expulsado por el mismo agujero por el que acababa de bajar. Cayó con un ruido sordo sobre la calzada. Sangraba de una fea herida en la sien y, cuando se puso trabajosamente en pie, no parecía muy contento con el estado de sus costillas.

—Es más grande de lo que pensaba —se quejó antes de empuñar la espada con las dos manos y volver a entrar en las catacumbas.

Vega se asomó por el borde del socavón, pero no veía más que el fuego zigzagueante de la espada de Dux y lo que parecía una masa de carbón y magma en ebullición propinándole la paliza de su vida. Cuando el gigante lo estampó contra la pared de roca y le golpeó la cabeza repetidamente, la bibliotecaria supo que el final de la pelea sería rápido y horrible. El miedo le atenazaba la garganta, sentía nauseas por el olor a azufre y a maldad, pero sobre todo empezaba a enfadarla mucho que aquel par no mostrase ningún respeto por el patrimonio histórico recién descubierto. Supo que si no le echaba una mano a aquel maldito demonio de ojos verdes, no quedaría mucho por lo que discutir con el Ayuntamiento.

Mientras el fragor de la batalla seguía retumbando en las entrañas de Toledo, repasó con rapidez cualquier hechizo que pudiese serle de ayuda. Hasta que escuchó en su cabeza la voz de su abuela: a problemas complicados, soluciones sencillas. Inspiró profundamente, cerró los ojos, apartó de su mente el azufre, la maldad y el vandalismo patrimonial, y se concentró en el canto cercano de las aguas del Tajo. Le habló al río con la familiaridad y la gracia de una bruja de agua, con la claridad de voz de un manantial, con la fuerza de una cascada en primavera, con la paz de un meandro cercano al mar. Concentró el hechizo bajo sus pies y vertió toda la corriente a través de la brecha, pronunciando las palabras para desterrar todo Mal. El Tajo elevó sus brazos indómitos, rizados y espumosos sobre la roca y la tierra, acudiendo a la llamada de su protegida, asistiendo a su voluntad de arrastrar a los demonios de vuelta al averno del que procedían. A cualquier demonio.

Caía la oscuridad sobre las calles del casco antiguo y sus gentes festejaban disfrazadas la Noche de Ánimas. Vega caminaba despacio y ensimismada hacia la Puerta de Bisagra. Localizó el estrecho callejón que los mundanos se esforzaban por no ver y lo recorrió, casi sonámbula, hasta la fachada de piedra, musgo, hiedra y hojas de dedalera de Las doce casas. Entró en su acogedora calidez sin preocuparse por los profesores que brindaban con vino caliente y especiado en un rincón y se sentó a la barra, ante la amable mirada de Miriam. La tabernera le sirvió mazapán con forma de corazón y una copita de vino dulce, y le preguntó:

—¿Qué has perdido, bibliotecaria?

—Algo que no sabía que deseara volver a ver.

—Llámalo de vuelta —sonrió.

Cómo si a Vega no se le hubiese ocurrido. Para convocar a un demonio necesitaba sangre, deseo y un nombre. Creía carecer, al menos, de dos de esas tres cosas. Negó con la cabeza y, mientras Miriam volvía a sus quehaceres de tabernera sabia, se sumió en sus sombríos pensamientos. Oscuro, oscuro, como su pelo, como su traje, como la empuñadura de escamas de dragón de una espada de fuego. Dux significaba duque en latín. Ojos verdes para un Duque del Infierno. Descendiente del dragón.

Su corazón se disparó, resistiendo apenas los embates de una riada de anhelo y certeza. Sangre, deseo y nombre.

Pidió un cuchillo y se abrió una pequeña herida en la palma de la mano. La sangre brotó perezosa mientras Vega pronunciaba por vez primera el verdadero nombre del investigador.

—Astaroth —sonó el murmullo de arroyo de su voz.

Le supo a ceniza y a recuerdo.

La taberna se había quedado vacía, detenida en un tiempo sin tiempo, mecida por el susurro de un cedro centenario esperando al otro lado del muro, sumida en el olor de mazapán de sus promesas. Vega atravesó la piedra de Las doce casas para volver a su biblioteca. Elevó una plegaria rápida al hermoso árbol y acogió a Teo cuando el gato saltó a sus brazos. A medio camino del escritorio, a punto de darle las buenas noches al informático impertérrito, una voz profunda como un lago glacial, resonó en la boca de su estómago.

—Bibliotecaria —gruñó el recién llegado—, de todos los lugares de esta ciudad, tenías que invocarme dentro del río.

Empapado de cabeza a pies, con el pelo todavía chorreando agua, el traje pegado a su cuerpo como una segunda piel y la empuñadura de su espada draconiana sobresaliendo apenas por encima del hombro izquierdo, Dux la miraba en el umbral de su biblioteca con algo parecido a una chispa de fastidio en el verde de sus ojos. Y media sonrisa torcida en los labios.

Fin

El Reincidente

ILUSTRADO Y ESCRITO POR JUAN CARLOS VILLACAMPA
ILUSTRACIÓN SECCIÓN JAVI COHEN

EL REINCIDENTE

A PARTIR de un CUENTO de RAFAEL SÁNCHEZ FERLOSIO
Dibujo de JUANCARLOS VILLACAMPA

EL LOBO, VIEJO, DESDENTADO, CANO, DESPELUCHADO, DESMEMBRADO, ENFERMO, CANSADO UN DÍA DE VIVIR Y DE HAMBREAR, SINTIÓ LLEGADA PARA ÉL LA HORA DE RECLINAR FINALMENTE LA CABEZA EN EL REGAZO DEL CREADOR.

EN EL BLANCO SILENCIO DE LA CUMBRE ETERNA.

PON PON PON

¿CÓMO TE ATREVES SIQUIERA A APROXIMARTE A ESTAS PUERTAS SACROSANTAS?

¿CON LAS FAUCES AÚN ENSANGRENTADAS POR TUS ÚLTIMAS CRUENTAS REFECCIONES, ASESINO?

EN ADELANTE SE GUARDÓ MUY BIEN, NO YA DE DEGOLLAR OVEJAS NI CORDEROS, SINO INCLUSO DE REPASAR CARROÑAS O MONDAR OSAMENTAS.

DOBLEMENTE EXTENUADO Y DESEOSO DE DESCANSO ATRAS ESTA A MODO DE SEGUNDA VUELTA DE UNA ANTES YA LARGA EXISTENCIA, DE NUEVO LE PARECIÓ LLEGADO EL DÍA DE MERECER RECLINAR FINALMENTE LA CABEZA.

¡TÚ, LADRÓN DE TAHONAS, MERODEADOR DE DESPENSAS, SALTEADOR DE ALACENAS!

¡VETE!

¡QUIEN PODRÁ ENCARECER LA DESOLACIÓN, LA AMARGURA, EL ABANDONO, LA MISERIA, EL HAMBRE, LA FLAQUEZA, LA ENFERMEDAD, LA ROÑA, QUE POR OTROS MÁS LARGOS Y MÁS DESVENTURADOS AÑOS SE SIGUIERON!

AÚN ASÍ, APENAS OSABA YA DESPUNTAR CON LAS ENCÍAS SIN DIENTES EL RIZADO FESTÓN DE LAS LECHUGAS. PISABA SIN PISAR.

AMANECIÓ POR TERCERA VEZ EL DÍA EN QUE EL LOBO CONSIDERÓ LLEGADA PARA ÉL LA HORA DE RECLINAR FINALMENTE LA CABEZA EN EL REGAZO DEL CREADOR.

SOBRE AQUELLA PRIMERA Y, POR ASÍ DECIRLO, NATURAL VEJEZ DEL PRIMER VIAJE, HABÍA ECHADO ENCIMA UNA SEGUNDA Y AÚN UNA TERCERA ANCIANIDAD.

Y CUÁN SOBREHUMANO NO SERÍA EL ESFUERZO CON EL QUE ESTA VEZ TAMBIÉN LOGRÓ LLEGAR.

Cómic para todos, yo me quedo con algunos

JUAN CARLOS VILLACAMPA
ILUSTRACIÓN JAVI COHEN

Me hubiese gustado ser de esos que se pueden dedicar en exclusividad al cómic, al tebeo o la novela gráfica, como más les guste. En España, según los datos de la sectorial del cómic, solo el 21% de los autores, dibujantes o guionistas, viven de ello, de los aproximadamente 1.000 que trabajan en el sector. Pero no me dedico al cómic, al noveno arte diría algún fatuo. Me dedico a la docencia, soy profesor, y en parte se lo debo al tebeo. De los 70 temas que había que estudiarse para la oposición de profesor a secundaria, en los años 90, en la "encerrona" final me cayó el cómic.

Por suerte para mí, el tribunal no había pasado de ojear algo de Tintín o Astérix, puede que hubiesen leído, en su infancia, las *Hazañas Bélicas* o *Pepe Gotera y Otilio*, más por pasar el rato que como manifestación artística. Ese analfabetismo me permitió salvar, con honra, la exposición del tema. Por tanto, yo también vivo gracias al cómic, al tebeo, novela gráfica, como más les guste. No defenderé ninguna de las denominaciones. El termino cómic no me gusta, por anglosajón, el tebeo español tiene un aspecto peyorativo del que huiré y la novela gráfica me parece una nomenclatura pelín pretenciosa. Como no hay muchas alternativas hablaré del cómic, tebeo o novela gráfica, indistintamente.

Está el sector del cómic, en la actualidad, muy bien. Algunos piensan que no, pero yo creo que está muy bien, goza de buena salud. Hay incluso un poco de burbuja en número de publicaciones editadas, en número de autores, festivales y escuelas. Hace unos años, el mantra repetido que computaba a los que vivían exclusivamente del cómic señalaba que eran muy pocos, decían que se podían contar con los dedos de las dos manos los que vivían del cómic en exclusividad: Paco Ibáñez, el de Mortadelo, un clásico; Miguel Gallardo, el de Makoki, underground en los ochenta; Carlos Giménez, el de *Paracuellos*, dibujante todoterreno y pocos más. Por eso estamos mejor hoy que hace unos años. ¿Se podrá estar mejor? Claro. Hoy la oferta es muy amplia, hay cómics de todo tipo, estilos y géneros: los hay para niños, como el gran *Super Patata*, de Artur Laperla, para adultos, con altos niveles de erotismo, como lucen las páginas de Milo Manara, los hay de super-héroes, los Spiderman, los Supermanes, los Capitanes América, los muchos seres mitológicos actuales que se trasforman, luchan contra el mal o contra el bien, viñetas plagadas de piruetas y acción. No me gustan y me aburre enormemente la disputa estúpida y estéril entre DC y Marvel. Hay cómic de historia, de historias e historietas. Hay tebeos didácticos que tan bien ha explorado Pedro Cifuentes[1]. Cómics de ficción, de no ficción, autobiográficos, testimoniales, biográficos, cómics documentales, abstractos, realistas, caricaturescos, poéticos, macarras, experimentales, sencillos y complejos... de todo menos... iba a decir, musicales, como en el cine, pero recuerdo que Paco Roca, con la colaboración de José Manuel Casañ, el líder de la banda de rock Seguridad Social, editaron un cómic[2] que pretendía ser musical ya que las viñetas iban acompañadas de una banda sonora construida para la ocasión, en un CD que ya nos resulta viejuno. Y los manga que son como todos los anteriores, pero con caras de chinos que no parecen chinos porque tienen los ojos grandes (aquí es donde me caen hostias)

Considero que hay muchas opciones para que cada persona halle en el cómic lo que le apetezca, descubriendo unas viñetas que les hagan disfrutar. Les contaré el secreto, el cómic implica una gran dosis de participación del lector ya que, como diría Umberto Eco, gran lector de fumetti[3], semiótico y teórico, el cómic es una obra abierta, una obra que necesita del lector para darle sentido. Pues, el cómic, a diferencia de la música o del cine, necesita de la construcción activa por parte del lector.

Hay un elemento gráfico en el cómic que es el "gutter", término anglosajón, que equivale a " la calle" en castellano, que define al espacio, canal o acequia que hay entre las diferentes viñetas y ahí es donde el lector tiene que complementar la información entre viñetas, esa calle que cada uno construye a su antojo hace que la lectura tenga un gran componente de participación. ¿Hay participación en otras manifestaciones artísticas? Alguno está pensando en juegos experimentales de literatos que juegan con el orden de los capítulos, Cortazar jugando a su *Rayuela*. Pero en el cómic el gutter es el elemento esencial, es la aportación necesaria. Si no construyes y aportas en tu lectura la historia se derrumbará. Tú creas el cómic.

---

1   Pedro Cifuentes es profesor de historia en secundaria donde utiliza el cómic en su didáctica. Ha publicado diferentes tomos de la historia del arte en cómic.

2   *La Encrucijada*, Paco Roca/Seguridad Social, Ed Astiberri 2017.

3   Fumetti es como se denominan en Italia a los tebeos o cómics, es el plural de fumetto que literalmente significa bocanada de humo, en alusión a los bocadillos que expresan el texto.

Si eres de los que no te gusta el cómic es porque puede que seas vaguete para completar la obra del autor o un mezquino que piensa que tendrían que cobrarte la mitad ya que es el lector el que termina la obra. Ese es el gran valor del cómic, lo que el lector tiene que aportar, a diferencia de otras manifestaciones artísticas más pasivas como puede ser la música, la pintura o el cine. Hay otros elementos, como el texto escrito que inserto en bocadillos (o bocanadas de humo) son una convención poco estética, sea en los bocadillos o como cartuchos de información, el texto suena en nuestra mente con las voces que cada lector se construye, por eso me molestan tanto las adaptaciones al cine de los cómics, en mi cabeza no suenan igual los personajes que en la sala de cine. Las imágenes también implican una atención aguda. Un antiguo maestro me dijo que cada viñeta es como hacer un cuadro donde hay que tratar y dominar la composición de cada viñeta, la composición de las páginas en relación a cada viñeta, la perspectiva, el color, la iluminación, los diferentes grados de iconicidad o abstracción dependiendo del resultado deseado, y confesó que jamás haría un cómic que ya mucho esfuerzo le suponía preparar unos cuadros para una exposición como para hacerse las quinientas viñetas de media que puede tener un cómic. Otro vaguete. Es cierto que cada imagen, desde los *Cuttlas* de Calpurnio a las imágenes de Daniel Torres, en su obra más enciclopédica como es *La Casa*, supone un reto compositivo y gráfico que requiere gran complejidad.

A mí me gustan los cómics, no todos claro, he leído muchos prescindibles, pero os quiero contar los que más me interesan. Tengo ordenada mi biblioteca comiquera por temas y esos temas son los que me apasionan sin llegar a la excitación. Me gustan moderadamente, que no

soy dado a fanatismos. De entre todos los temas y bloques en los estantes destaco, por límite de espacio, sólo tres: los que hablan de cocina, del holocausto y los que versan sobre pintores o artistas.

<<El cómic, a diferencia de la música o del cine, necesita de la construcción activa por parte del lector.>>

Los de cocina. Los tebeos de gastronomía son una rara avis, pocos publicados, pero deliciosos. Los cómics de cocina aúnan dos cosas que me gustan: los cómics y comer. Con solo hojear sus páginas se me hace la boca agua. Los hay que directamente hablan de gastronomía con sus recetas y sus historias paralelas como *En la cocina con Alain Passard*[4] de Christophe Blain, donde el autor francés se mete en las cocinas del famosos chef, adalid del vegetarismo, Alain Passad. El dibujante se acoda en la cocina del restaurante L'Arpège y dibuja, se empapa, disfruta y se sorprende con los platos que se mueven en la cocina de camino al salón. Un restaurante parisino con tres estrellas que no abre los fines de semana situado frente al museo Rodin. Hablan de huertos, vegetales, tubérculos, aderezos y de creatividad. Me interesa esa relación intrínseca entre el cocinar y la creatividad, como de *a* más *b* hacemos *c* pero también podemos hacer *d, e o f*, las posibilidades son tan grandes que nos abren, no solo el apetito, sino la mente al explorar nuevas posibilidades. Obviamente, cuando tratamos de creati-

---

4   *En la cocina con Alain Passard*, Christophe Blain, Ed. Astiberri 2011

EL GOURMET SOLITARIO
JIRO TANIGUCHI · MASAYUKI KUSUMI

vidad y cocina se nos viene a la cabeza la figura de Ferran Adriá. Hay un manga que narra el encuentro entre la cocina japonesa y la catalana, narra el viaje que hacen el señor y la señora Ishida, cocineros del restaurante Mibu, en Tokio. El cómic se titula *Mibu elBulli*[5]. El cómic narra la semana de intercambio culinario que se dio en los fogones de elBulli, donde se juntaron las culturas gastronómicas más potentes: la japonesa y la mediterránea. Dicho encuentro también tuvo su expresión teatral con el espectáculo *El tigre de Yuzo*, estrenado en 2017 por la compañía Kaiseki Teatre. Definitivamente, el encuentro dio para mucho o que la maquinaria "made in Adriá" es muy productiva. El Mibu es un restaurante con una sola mesa en un segundo piso de un edificio anodino en el barrio comercial de Ginza en Tokio. Es un restaurante zen, sin prisas, donde los cincos sentidos son los perceptores privilegiados de una experiencia sosegada. Obviando la estética agresiva del manga, con líneas cinéticas muy marcadas, planos de ángulos en contrapicado, muecas exageradas y algún dragón alucinógeno, el cómic nos trasmite las técnicas culinarias propuestas por los dos cocineros, nos habla de disciplina, de control y de la mutua fascinación que se profesan los cocineros. Proclama el valor y la sencillez de los alimentos poco tratados, como Alain Passard, nos ofrece el lado positivo de la cultura japonesa, su meticulosidad y su cuidado por los pequeños detalles. Sin salir de Japón y de la mano del gran autor nipón Jiro Taniguchi, nos topamos con el bello libro *El Gourmet Solitario*[6], donde nos muestra la gastronomía más allá del ramen o del sushi. El protagonista, un hombre de negocios, se mueve por diferentes barrios de Tokio por motivos laborales o personales y se ve obligado a comer fuera de casa. Así prueba diferentes tabernas, centros comerciales, puestos de comida callejera e incluso el hospital. Es un viaje por la gastronomía menos típica de Japón. Como si aquí, en Toledo, hiciésemos un recorrido hablando de las pulgas del Trébol, de los pedazos de bazo con pimentón de la clausurada taberna Casa Pedro, la tortilla de patatas del Yoguis, las pizzas vegetarianas del Piter, los bocadillos de calamares del desaparecido Bar Tropezón o del champiñón del Skala, antes de la invasión del turismo. Un recorrido gastronómico que como la magdalena proustiana nos lleva a los mejores recuerdos y se nos hace la boca agua. Una gastronomía más cotidiana, alejada de los grandes restaurantes que permite descubrir las múltiples opciones del buscador culinario. Hay una intención de búsqueda activa, probando nuevas elaboraciones y

---

5   *Mibu elBulli*, Norma Editorial 2015. Sin autoría concreta ya que es fruto de un colectivo, de esos estudios de producción que hacen mangas como churros, por eso no me gusta mucho el manga, prefiero saber quién es el autor, aunque el trabajo colectivo aporte otro valor. Cosas de otras culturas o de Carmen Mola, que como en Elena Francis, resultaros ser tres señores.

6   *El Gourmet Solitario*, Jiro Taniguchi – Masayuki Kusumi, Ed Astiberri 2010.

ampliando su cultura gastronómica. El personaje, en su recorrido nostálgico, busca locales de otros tiempos que han sido sustituidos por cadenas de comida rápida. Un signo de los tiempos en los que hasta la comida tiende a la globalización y es, cada vez, más difícil encontrar la diversidad culinaria propia del terreno, de los productos propios de cada localidad. Estoy en contra de los macdonals, los rodillas, los burriquín y de cualquier muestra gastronómica que anule al producto local. Tampoco me gusta esta costumbre cada vez más enraizada en Japón, que poco a poco se extiende por todo el mundo, de comer en la barra del bar o en un mostrador mirando a la pared o a la pantalla de un teléfono móvil, haciendo de la comida un acto solitario y carente de relación social, sin sobremesa, sin charla, porque hay que priorizar el negocio y abandonar la mesa lo más rápido posible, como le ocurre al personaje del cómic. Pues no todo lo japonés es positivo.

<<Nos resulta más identificativa una cara con dos puntos como ojos y una pequeña línea por boca, ya que esa cara sencilla tiene el poder de representar a muchas personas.>>

En la misma sección de tebeos de cocina, tengo dos del francés Étienne Davodeau. No hablan directamente de cocina pero sí de aspectos que tiene que ver con ella. *Los Ignorantes*[7] y *Rural*[8]. *Los Ignorantes* tiene una premisa muy sencilla: un viticultor y un dibujante de cómics se juntan para compartir sus mundos. El dibujante quiere aprender el proceso de elaboración del vino y en contrapartida, el agricultor conocerá los procesos de edición de los tebeos. Nosotros como lectores, aprendemos de uno y del otro. Poda, abono, recolección, selección, fermentación y maduración para degustar un vino muy pegado al terruño bretón. Dibujos, guiones, imprentas, maquetación y pruebas de color y distribución para alumbrar un cómic, también, muy pegado a terruño que huele a rocío sobre los pámpanos de las vides. Vinos y tintas se entremezclan de manera natural y efectiva. Los dos nos cuentan su amor por su oficio. Aprende-

7   *Los Ignorantes*, Étienne Davodeau. Ed. La Cúpula 2012.
8   *Rural*, Étienne Davodeau. Ed. La Cúpula 2014.

mos de cómo hacer tebeos y mucho más de cómo hacer vino y disfrutarlo. El otro, reposando portada con contraportada, es *Rural*. Esta novela gráfica nos muestra las luchas sindicales de los agricultores franceses, concretamente de tres agricultores que tienen una visión ecológica de la producción de alimentos. Transitamos su día a día, sus luchas contra las adversidades del campo, su compromiso social hacia las personas que alimentan, su tajante enfrentamiento por el trazado de una autopista, sus amaneceres y sus fracasos. Una visión que nos hace pensar que al tomar una remolacha en el supermercado, ese vegetal encierra toda una filosofía y una forma de enfrentarse a la vida, o tal vez no. Este tipo de tebeo más cercano al reportaje periodístico o al documental me resultan muy interesantes, ya que hacen que los personajes siempre están al servicio del tema, los personaje podrán ser estos u otros, pero lo que te cuentan siempre es lo importante e inmutable. Bravo por el cómic documental.

<<Nosotros, como lectores, somos observados por los personajes dibujados o desdibujados que son la metáfora de las dudas que plantea el texto.>>

Otra sección muy voluminosa en mi comicteca y de las más antiguas son esas novelas gráficas que tratan directa o indirectamente el holocausto judío de la II Guerra Mundial. Soy de lágrima seca y no lloro en el cine, excepto cuando en *Evasión o Victoria*[9], atención espóiler, se escapan los prisioneros al final del partido, por la puerta del estadio y no por el túnel como estaba previsto. También, alguna lágrima se me escapó cuando en *Casablanca* se canta la Marsellesa en el café de Rick, acallando a los nazis. **Afortunadamente, siempre he tenido mucha inquina a los nazis, los detesto profundamente.** Los de antes y los de ahora. De todas las injusticias de la historia como las deportaciones masivas, la esclavitud o el racismo, creo que la situación de los judíos en la Alemania nazi sintetiza toda la tradición histórica de atrocidades cometidas por las personas, más como especie animal que como seres humanos. De la misma forma que actualmente el gobierno de Israel está revelando al mundo su peor cara y demostrando su total deshumanización hacia el pueblo Palestino. La historia se repite, por muy civilizados que nos sintamos en el siglo XXI o en los años treinta del siglo pasado. Los seres inhumanos siguen campando por la Tierra. De estos cómics hay uno que se ha convertido en un clásico, el *Maus*[10] de Art Spiegelman, que fue premio Pulitzer en 1992. Este premio hizo que el cómic alcanzase su mayoría de edad y se entendiese el género como una manifestación más allá de la diversión orientada a un público infantil o juvenil. *Maus* cuenta la vida del padre del dibujante, un judío alemán en la época nazi. También se vislumbra la relación poco amigable del hijo con su padre. No es una narración complaciente con las adversidades que tuvo que vivir su progenitor, todo lo contrario. Utiliza el lenguaje de fábula donde los judíos son los ratones que tiene que huir de los gatos que son

---

9 *Evasión o Victoria* es una película de 1981 dirigida por John Huston.
10 *Maus*, Art Spiegelman, Planeta de Agostini 2001.

donde el nivel de deshumanización es brutal para terminar en la gran marcha que obligará a los prisioneros a salir andando ante el avance del ejército soviético. Ocurren más cosas que mi deber es no contar para no destripar. Este relato está a la altura de otros testimonios del holocausto, como los de Primo Levi[11] o el cercano viaje del abuelo de Bienvenido Maquedano[12]. Se ha escrito mucho sobre la barbarie que supuso el holocausto y los campos de trabajo y exterminio, pero mucho me temo que se ha leído poco, tal como nos va. Para los escolares alemanes es preceptivo que una vez al año visiten un memorial del holocausto (restos de campos de concentración, algún campo de exterminio cercano o actividad similar) para concienciar a los más jóvenes sobre el horror cometido en la II Guerra Mundial. El tebeo *Maus* aporta su granito de arena en la concienciación para no volver a escenarios similares. Lomo con lomo se encuentra el libro *MetaMaus*[13] que no siendo un cómic se encuentra dentro de la biblioteca de los tebeos. El *MetaMaus*, escrito también por el propio Art Spieglman, cuenta todo el proceso del cómic, aportando información gráfica de bocetos, desarrollo de personajes, planificación de páginas... Arrojando más conocimiento sobre los porqués que motivaron el cómic. Un aporte informativo para poder disfrutar mejor de la lectura de *Maus*. Otra novela grafica de este bloque es la titulada *Auschwitz*[14] de Pascal Croci, pequeña en tamaño, pero de una gran crudeza expresiva. El *Maus*, al utilizar personajes fabulados, tiene un tratamiento más abstracto, pero Croci tiene un dibujo muy realista donde se manifiesta al desnudo el horror y la barbarie nazi. El grado de iconicidad de un dibujo, sea más cercano a la rea-

los nazis, aparecen cerdos que son los polacos colaboracionistas con el nazismo, los franceses son ranas y los estadounidenses perros. La novela gráfica se estructura en dos tomos, el primero cuenta cómo los nazis van infectando Alemania. Cómo los judíos van siendo trasladados a guetos cada vez más pequeños. Hasta que el protagonista llega a las puertas del campo de trabajo de Auschwitz, cerca de Cracovia, entrando bajo el pontón donde reza aquello de "El trabajo os hará libres" y una mierda para ti, Adolfo. El segundo tomo nos muestra la vida en el campo, que empezó siendo de trabajo para terminar convirtiéndose en un campo de exterminio con cámaras de gas y hornos crematorios, la organización interna del campo con sus capos y sus miserias,

11   Levi recoge sus vivencias en el contexto del holocausto en sus textos *Si esto es un hombre* (1947), *La tregua* (1963) y *Los hundidos y los salvados* (1986), entre otros.
12   *El largo viaje de un triángulo azul*, Bienvenido Maquedano, Ed Celya 2016.
13   *MetaMaus*, Art Spiegelman, Ed Reservoir Books
14   *Auschwitz*, Pascal Croci, Norma Editorial 2005.

lidad o más esquemático, condiciona la percepción que tenemos del mensaje de un cómic. Desde mi punto de vista, el tratamiento con más detalle hace que el lector se vincule menos con el personaje, nos resulta más identificativa una cara con dos puntos como ojos y una pequeña línea por boca, ya que esa cara sencilla tiene el poder de representar a muchas personas. En cambio un retrato concreto solo representa a ese personaje, por ello creo que la elección del tratamiento realista distancia un poco al lector, pero a la vez muestra en detalle las circunstancias que se dieron en el fatídico campo de trabajo y exterminio. Con su dibujo nos muestra el gas asfixiante, el frio de las alambradas, el peso del rayado pijama, áspero y humedecido. Expone el miedo y la violencia ejercida. Auschwitz fue el mayor centro de exterminio del nazis-

mo, donde fueron recluidas cerca de un millón trescientas mil personas, de las cuales fallecieron un millón cien mil. El complejo se organizaba en tres campos, dos de trabajo, en un principio, y uno de exterminio, Birkenau, donde se encontraba el campo de mujeres. Auschwitz ha sido, que sepamos, la máquina de matar seres humanos más destructiva. Matando personas que eran diferentes a la raza aria, personas con pensamientos o vidas diferentes a la norma nazi, personas..., en definitiva, personas. El tercer tebeo a reseñar es *Yossel*[15] de Joe Kubert, el maestro de tebeos y bregado dibujante de DC. *Yossel* cuenta los conflictos violentos que se dieron en el gueto de Varsovia. Yossel es un muchacho en torno a los 13 años y lo que vemos es a través de sus ojos y lo que refleja en su libreta de dibujo, por eso el tratamiento técnico del tebeo es un dibujo a lápiz rápido y abocetado, con un nivel alto de realismo, pero los fondos y manchas está resueltas con un rayado del grafito. Con la utilización del lápiz, el autor, quiere dejar constancia de la inmediatez de las imágenes. Joe, acostumbrado a trabajar en la industria del cómic, sabe que el proceso habitual es dibujar, con lápiz, entintar, en otra fase y meter color en una tercera etapa. No todo el mundo trabaja igual, pero ese sería el estándar del cómic internacional. La técnica pictórica define y amplifica el impacto que se quiera provocar, es un elemento importante que le da valor al tebeo. Lo más habitual, como he dicho, sería un acabado a tinta en blanco y negro o a color como los cómics de superhéroes, los clásicos de Tintín o Astérix, las revistas de cómic en general. A veces te encuentras con tratamientos técnicos diferentes como en el tebeo *Juana de Arco*[16] del cordobés de Andrés G. Leiva que utiliza las humildes y escolares ceras para dar a su obra un tratamiento muy expre-

---

15   *Yossel*, Joe Kubert, Norma Editorial 2004.
16   *Juana de Arco*, Andrés G. Leiva. Ed SinSentido 2004

LAS MENINAS

SANTIAGO GARCÍA   JAVIER OLIVARES

sivo. Continuamente, en sus otros proyectos, cambia de técnica grafico plástica como vehículo de expresión. Utiliza el carbón, los rotuladores las tintas... para dar a cada viñeta el tratamiento artístico que se merece. Las acuarelas son un medio muy recurrente que da frescura al cómic, ejemplo de ello serán las obras de la francesa Catherine Meurisse, autora que felizmente se salvó del atentado a los dibujantes de la revista *Charlie Hebdo* porque no le sonó el despertador[17]. En el cómic *Yossel* la utilización del lápiz en crudo hace que muestre la historia desnuda de artificio y le aporta la urgencia e inmediatez que la narración necesita.

El último bloque de la librería del que os quería hablar es el dedicado, como hiciera Vasari con sus compañeros de oficio, a las vidas de pintores. Las obras biográficas son un género muy habitual en el cómic[18]. Pero de entre todas las biografías posibles, las de los artistas son un clásico. Se suele decir que los mánayer son músicos frustrados, los guionistas de cómic son dibujantes frustrados y yo propongo, que los dibujantes de cómic son artistas frustrados, no porque no sean artistas, que lo son, sino porque les gustaría ver su obra colgada en los museos convencionales, junto a los picassos o los murillos o las viñetas del pintor pop Roy Lichtenstein. Aunque hay museos que han colgado viñetas de diferentes autores[19], esto no tendría sentido, la novela gráfica tiene otro valor, otra finalidad artística. Javier Olivares, el dibujante, tiene claro que su obra final es el libro de cómic, no el dibujo previo, no la ilustración, no la viñeta. La obra es el libro y el proceso de comunicación que se establece con el lector. La obra de un pintor es un cuadro que decora una pared. Vamos al tajo, y de este espacio de la estantería elijo a *Las meninas*[20] de Javier Olivares (es el que más me ha hecho disfrutar). Como es de suponer la novela gráfica aborda la vida de Diego de Velázquez en diferentes momentos de su vida. La obra, que fue premio nacional de cómic en 2015, es una autentica maravilla de composición gráfica, donde el dibujo de Javier Olivares resuelve un guion, muy bien estructurado, de Santiago García. Este tándem ha producido en los últimos años obras muy valiosas, como la magnífica *La cólera*. *Las meninas* es un clásico que, como los clásicos, lo son porque nos interpela en la actualidad, no nos hablan del pasado, sino que nos hablan de lo que es necesario en el tiempo actual. El cuadro de Velázquez es un pretexto maravi-

17   *La Levedad*, Catherine Meurisse, Ed Impedimenta 2018.
18   Por recomendar alguno no dedicado a pintores, propongo: *Fellini en Roma*, Tyto Alba, Ed Astiberri 2017, y *Doña Concha*, Carla Berrocal, Ed Reservoir Books 2021.
19   El Moma de Nueva York colgó hace tiempo en sus paredes las viñetas de Robert Crumb y el Pompidou de París lo ha hecho con muchos autores de la bande dessinée.
20   *Las meninas*, Santiago García y Javier Olivares. Ed Astiberri 2014.

el texto. Continuamente nos interroga ¿Y tú qué piensas de esto o de esto otro? Un cuadro o un cómic es, en muchas ocasiones, un espejo donde mirarnos. Miramos los cuadros que más se parecen a nosotros porque, como en el espejo, esperamos encontrar nuestra figura al otro lado.

La segunda obra de la balda de los pintores sería *Goya Saturnalia*[21] de Manuel Gutiérrez y Manuel Romero. Una joya atípica que se aleja de la estructura convencional de la narrativa para construir un universo de imágenes que haciendo alusión a Goya aportan una lectura contemporánea sobre los cuadros del sordo aragonés. Quizás por la sordera del protagonista, el tebeo se resuelve irónicamente como una composición musical, donde cada viñeta es una nota de la melodía que página a página va construyendo una partitura musical-visual, con sus variaciones de tonos y ritmos. Las referencias pictóricas, como es preceptivo, son de Goya, pero amplía su repertorio gráfico a Picasso, Théodore Géricault, Francis Bacon, William Blake, con estos ya me tiene conquistado, y con música de fondo de flamenco.

Y terminando, muy diferente en tratamiento y estética, podemos conocer la vida del pintor impresionista Claude Monet[22]. Con un guion muy solido y documentado de Salva Rubio y una pintura, más que dibujo, resuelto con acrílicos por Ricard Efa. Repiten, un par de años después, el mismo modelo con la biografía de Edgar Degas. Este me parece menos interesante pero seguramente está condicionado por la animadversión que le profeso al pintor de tutús y pasteles, misógino y mala persona. La obra de Monet traslada muy bien la atmosfera parisina que engendra a los impresionistas en el siglo XIX, ese grupo de pijos y

lloso para tratar cuestiones que rebasan el siglo de Oro. Por eso Picasso, el Equipo Crónica o Buero Vallejo reinterpretan el lienzo velazqueño. Lo más inquietante del cómic son los ojos de los personajes, basta con hojear el libro para darte cuenta que hay muchos ojos, dibujados de forma muy diversa, según el personaje, todos los ojos nos miran. Son como el propio Velázquez, que encerrado en el lienzo de su cuadro nos interpela, nos mira y nos cuestiona. Los ojos de todos los personajes nos miran directamente o de soslayo, con altanería, miradas esquivas, miradas observadoras o inquisitivas. El libro nos mira y espera una respuesta. Nosotros, como lectores, somos leídos por el libro, somos observados por los personajes dibujados o desdibujados que son la metáfora de las dudas que plantea

21   *Goya Saturnalia*, Manuel Gutiérrez y Manuel Romero, Ed Cascaborra 2022.
22   *Monet Nómada de la luz*, Rubio – Efa. Ed. Norma Editorial 2017.

niños de papá empeñados en cambiar la historia del arte con sus salones de rechazados, con su empeño de pintar al aire libre. Renunciando a la línea, la forma y el volumen, lo apuestan todo a la luz que se manifiesta con el color. Monet, considerado líder de los impresionistas, excepto por el envidioso Degas, es la columna que cuenta el devenir del arte en París, en el final del siglo de las trasformaciones industriales. Monet, a diferencia de sus compañeros, tiene que luchar por ganarse la vida con su pintura, por eso es el más prolífico y el más arriesgado, Monet es el más impresionista de todos ellos. El tebeo está plagado de referencias constantes a sus obras y el dibujo de Efa nos permite zambullirnos en su mundo pictórico. Monet nos muestra la búsqueda del arte. Triste paradoja que el pintor de la luz terminase su existencia con cataratas y privado de visión. A veces el exceso de luz nos provoca ceguera.

<<El libro nos mira y espera una respuesta. Nosotros, como lectores, somos leídos por el libro, somos observados por los personajes dibujados o desdibujados que son la metáfora de las dudas que plantea el texto. Continuamente nos interroga.>>

En el estante se quedan durmiendo para otra ocasión los tebeos dedicados a los viajes, los dedicados a la memoria histórica en torno a la guerra civil española, los poéticos o los de humor absurdo, los reivindicativos, los que no tienen texto, las adaptaciones literarias, los comprometidos, los fantásticos, los tebeos ensayísticos y los clásicos del comic que son un gran fondo de armario. Cómics hay muchos, solo espero que puedas encontrar el que se adapte a tus apetencias y que lo disfrutes. Salud.

Ni una por encima de mi edad

Escritoras latinoamericanas contemporáneas

POR FERNANDO IWASAKI
ILUSTRACIÓN DE JAVI COHEN

HACE UNOS AÑOS quise hacer inventario de los escritores de mi generación con quienes más me identifico y me formularon tantos reparos, que desde entonces decidí cortar por lo sano. De un lado me reprocharon que sólo hubiera seleccionado a quince autoras de un universo de cincuenta posibles y —de otro— tampoco sentó nada bien que me recreara con tanto recochineo en la edad que elegí: los cincuenta años. Por lo tanto, dispuesto a enmendar mi incorrección política y mi ausencia de tacto, me propongo compartir una selección integrada exclusivamente por sesenta y dos escritoras nacidas a partir de 1960, aunque haciendo hincapié en que no pretendo compensar sino más bien ser justo, porque nunca como en nuestros días el prestigio y la calidad de la literatura latinoamericana había sido encarnado por una mayoría de autoras extraordinarias.

Sin embargo, para tratar de ser lo menos arbitrario posible, procuraré explicar cómo contemplo el momento presente de la literatura latinoamericana, por qué mi selección arranca en 1960 y con qué autoridad —es decir, *auctoritas*— elijo unos nombres antes que otros.

Establecer límites a lo contemporáneo es algo muy resbaladizo porque el poeta Nicanor Parra (1914-1918) falleció hace muy poco tiempo con más de cien años, porque mientras Mario Vargas Llosa (1936) continúe publicando el Boom no se habrá extinguido del todo y porque una de las novedades editoriales más sorprendentes de los últimos años ha sido *El libro de Aurora* (2017), ópera prima y a la vez póstuma de Aurora Bernárdez (1920-2014). Por otro lado, Roberto Bolaño (1953-2003) es el más vivo de los escritores latinoamericanos contemporáneos y los amigos que tanto quisimos a Ignacio Padilla (1968-2016) nos hemos propuesto seguir hablando de su obra para no interrumpir nuestras fervorosas conversaciones con Nacho. En realidad, lo contemporáneo es una categoría tan vasta, que considero imprescindible acotarla.

No obstante, me interesa hacer hincapié en la anchura de lo contemporáneo, porque a pesar del gran número de autores de diferentes generaciones, nunca como ahora las escritoras latinoamericanas han sido tan sobresalientes en número y calidad. Así, las escritoras encarnan la hegemonía de la calidad literaria en América Latina, comenzando por las contemporáneas del Boom, como Margo Glantz, Elena Poniatowska, Luisa Valenzuela y Victoria de Stefano —sin olvidarnos de Elena Garro, Nélida Piñón y Sara Gallardo—, hasta llegar a quienes nacieron entre los años 40 y 50, que hoy conforman un bosque extraordinario. Pienso en Diamela Eltit, Cristina Peri-Rossi, Gioconda Belli, Laura Restrepo, Ana Lydia Vega, Isabel Allende, Ángeles Mastretta, Ana María Shua, Carmen Boullosa, Piedad Bonnett, María Rosa Lojo, Carmen Posadas y Alma Guillermoprieto, entre otras autoras que prepararon el camino para la eclosión literaria de las escritoras nacidas en los 60, 70, 80 y 90.

¿Por qué he elegido esas décadas? La respuesta tiene que ver con mi propia actividad como autor de prólogos, director de revistas literarias, compilador de antologías de cuentos, presentador de libros y autor de reseñas literarias en suplementos culturales de España y América Latina, desde 1990 hasta el presente. Por lo tanto, puedo congratularme de haber sido testigo, a lo largo de treinta años, del auge de las escritoras de mi generación, el esplendor de las narradoras nacidas en los 70 y la irrupción extraordinaria de las más jóvenes que nacieron en los 80 y los 90, pues he prologado, publicado, antologado, presentado o reseñado a la mayoría de las escritoras reunidas.

¿Y por qué son 62? Porque servidor tiene 63 y así no habrá ni una por encima de mi edad.

1960

Rosa Beltrán (México) Es narradora y ensayista. Es autora de los libros de cuentos *La espera* (1986) y *Amores que matan* (1996); de los ensayos *América sin americanismos* (1997), *Optimistas* (2006) y *Mantis* (2010), así como de las novelas *La corte de los ilusos* (1995), *El paraíso que fuimos* (2002), *Alta infidelidad* (2006), *El cuerpo expuesto* (2013) y *Radicales libres* (2021).

Ana Istarú (Costa Rica) Escritora, poeta, guionista y dramaturga. Es autora del libro de crónicas *101 artículos* (2010) y de las obras de teatro *El vuelo de la grulla* (1984), *Madre nuestra que estás en la Tierra* (1996), *Baby Boom en el Paraíso* (1996), *Hombres en escabeche* (2001), *Sexus Benedictus* (2004), *La loca* (2005) y *La cuna* (2008).

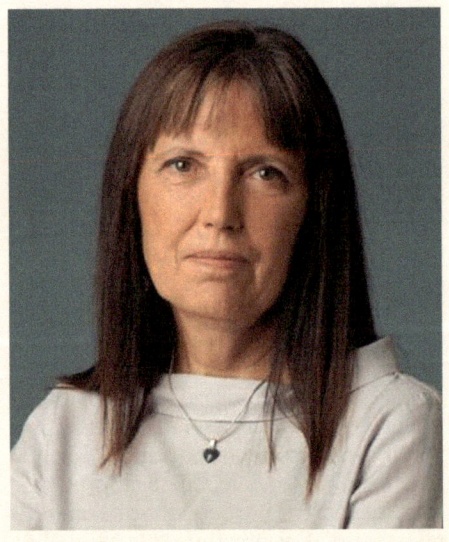

Claudia Piñeiro (Argentina) Escritora, dramaturga y guionista. Es autora de las novelas *Las viudas de los jueves* (2005), *Elena sabe* (2006), *Tuya* (2008), *Las grietas de Jara* (2009), *Betibú* (2011), *Un comunista en calzoncillos* (2013), *Una suerte pequeña*

(2015), *Las maldiciones* (2017), *Catedrales* (2020) y *El tiempo de las moscas* (2022). Ha escrito el libro de cuentos *Quién no* (2018) y los libros de literatura infantil *Serafín, el escritor y la bruja* (2000), *Un ladrón entre nosotros* (2004) y *El fantasma de las invasiones inglesas* (2010). Como dramaturga es autora de *Verona* (2007), *Morite, gordo* (2008), *Tres viejas plumas* (2009) y *Cuánto vale una heladera y otros textos de teatro* (2021).

1961

Jacinta Escudos (El Salvador) Escritora. Ha publicado los libros de relatos *Cuentos sucios* (1997), *Felicidad doméstica y otras cosas aterradoras* (2002), *El diablo sabe mi nombre* (2008) y *Crónicas para sentimentales* (2010), así como las novelas *Apuntes de una historia de amor que no fue* (1987), *El desencanto* (2001), *A-B Sudario* (2003) y *El asesino melancólico* (2015). Es autora de las crónicas de viaje *Maletas perdidas* (2018).

1962

Aurora Arias (República Dominicana) Poeta y narradora. Ha publicado los libros de cuentos *Invi's Paradise* (1998), *Fin de mundo* (2000) y *Emoticons* (2007). Como novelista es autora de *Vida verdadera en el Caribe* (2023).

1964

Patricia de Souza (Perú) Escritora y filóloga. Es autora de las novelas *Cuando llegue la noche* (1994), *La mentira de un fauno* (1999), *El último cuerpo de Úrsula* (2000), *Stabat Mater* (2001), *Electra en la ciudad* (2006), *Aquella imagen que transpira* (2006), *Ellos dos* (2007), *Erótika, escenas de la vida sexual* (2008), *Tristán* (2010),

Vergüenza (2013), *Mujeres que trepan a los árboles* (2017) y *Lointain Pérou* (2022). Ha publicado los ensayos *Eva no tiene paraíso* (2011), *Descolonizar el lenguaje* (2015), *Descolonizando a Juana* (2017) y *Ecofeminismo decolonial y crisis del patriarcado* (2018).

1966

Mayra Santos-Febres (Puerto Rico) Poeta, ensayista y escritora. Es autora de los libros de cuentos *Tratado de medicina natural para hombres melancólicos* (2011), *Pez de vidrio y otros cuentos* (1996) y *El cuerpo correcto* (1996), así como de las novelas *Antes que llegue la luz* (2021), *Huracanada* (2018), *La amante de Gardel* (2015), *El baile de mi vida* (2013), *Fe en disfraz* (2009), *Señora de la noche* (2006), *Cualquier miércoles soy tuya* (2000) y *Sirena Selena vestida de pena* (2000). Como ensayista ha publicado *Sobre piel y papel* (2005) y *Yo misma fui mi ruta: la maravillosa vida de Julia de Burgos* (2014), así como *+Jadeante y sudorosa: crónicas sobre escribir y correr, 2008-2015* (2016).

Fernanda García Lao (Argentina): Escritora, dramaturga y poeta. Es autora de las novelas *La perfecta otra cosa* (2007), *La piel dura* (2011), *Vagabundas* (2011), *Fuera de la jaula* (2014), *Amor invertido* (2015), *Nación vacuna* (2017) y *Sulfuro* (2022); de los libros de cuentos *Cómo usar un cuchillo* (2013), *El tormento más puro* (2019) y *La teoría del tacto* (2023); y de las obras teatrales *El sol en la cara* (1999), *La mirada horrible* (2001), *Ser el amo* (2022), *La amante de Baudelaire* (2004) y *Desde el acantilado* (2005).

1967

Isabel Mellado (Chile): Violinista y escritora. Ha publicado el libro de cuentos *El perro que comía silencio* (2011) y la novela *Vibrato* (2018).

Leila Guerriero (Argentina) Escritora y periodista. Es una de las mejores representantes de la llamada «nueva crónica latinoamericana». Es autora de *La llamada* (2024), *La dificultad del fantasma* (2024), *La otra guerra* (2021), *Teoría de la gravedad* (2020), *Opus Gelber* (2019), *Una historia sencilla* (2013), *Plano americano* (2012) y *Los suicidas del fin del mundo* (2005). Sus crónicas han sido compiladas en *Frutos extraños* (2009) y es editora de los volúmenes colectivos *Cuba en la encrucijada* (2017) y *Los malditos* (2011).

1968

Gabriela Alemán (Ecuador) Narradora, guionista y traductora. Es autora de los libros de cuentos *Maldito corazón* (1996), *Zoom* (1997), *Fuga permanente* (2001) y *La muerte silba un blues* (2014); así como de las novelas *Body Time* (2003), *Cooperativa Pozo Wells* (2007) y *Humo* (2017). Ha publicado la obra de teatro *La acróbata del hambre* (1997) y el ensayo *Cine en construcción: largometrajes ecuatorianos de ficción 1924-2004* (2004).

Karina Pacheco Medrano (Perú) Antropóloga, editora y narradora. Es autora de las novelas *La voluntad del molle* (2006), *No olvides nuestros nombres* (2009), *La sangre, el polvo, la nieve* (2010), *Cabeza y orquídeas* (2011), *El bosque de tu nombre* (2013), *Las orillas del aire* (2017) y *El año del viento* (2021); así como de los libros de cuentos *Alma alga* (2010), *El sendero de los rayos* (2013) y *Lluvia* (2018). Es editora de *Cusco, espejo de cosmografías. Antología de relato iberoamericano* (2014).

Cristina Rivera Garza (México) Narradora, ensayista y poeta. Es autora de los libros de cuentos *La guerra no importa* (1991), *Ningún reloj cuenta esto* (2001), *La frontera más distante* (2008) y *Allí te comerán las turicatas* (2013); de las novelas *El invencible verano de Liliana* (2021), *Autobiografía del algodón* (2020), *El mal de la Taiga* (2012), *Verde Shanghai* (2011), *La muerte me da* (2007), *Lo anterior* (2004), *La cresta de Ilión* (2002), *Nadie me verá llorar* (1999) y *Desconocer* (1994), y de los ensayos *Había mucha neblina o humo o no sé qué* (2016), *Los muertos indóciles* (2021), *Rigo es amor. Una rocola de dieciséis voces* (2013) y *Dolerse. Textos desde un país herido* (2011).

1969

Claudia Amengual (Uruguay) Escritora y traductora. Ha publicado las novelas *La Rosa de Jericó* (2000), *El vendedor de escobas* (2002), *Desde las cenizas* (2005), *Más que una sombra* (2007), *Falsas ventanas* (2011), *Cartagena* (2015), *El lugar inalcanzable* (2018) y *Juliana y los libros* (2020);

así como *El rap de la morgue y otros cuentos* (2013) y los ensayos *Rara avis. Vida y obra de Susana Soca* (2012), *Una mirada al periodismo cultural: Jaime Clara y «Sábado Sarandi»* (2016) y *Viajar y escribir: nueve destinos que inspiran* (2017).

María Fasce (Argentina). Escritora, traductora y editora. Ha publicado los libros de cuentos *La felicidad de las mujeres* (2000), *A nadie le gusta la soledad* (2007) y *Un hombre bueno* (2016), y las novelas *La verdad según Virginia* (2004), *La naturaleza del amor* (2008), *La mujer de Isla Negra* (2015) y *Las vidas de Elena* (2023). Como dramaturga es autora de *El mar* (2006).

Andrea Maturana (Chile) Escritora y traductora. Es autora de los libros de cuentos *(Des)encuentros (des)esperados* (1992) y *No decir* (2006), así como de la novela *El daño* (1997), además de otros títulos de narrativa infantil y juvenil como *La isla de las langostas* (1997), *Eva y su tan* (2005), *Siri y Mateo* (2006), *El moco de Clara* (2010), *El gran Hugo* (2012) y *La vida sin Santi* (2014).

Karla Suárez (Cuba) Escritora y periodista. Es autora de los libros de cuentos *Espuma* (1999), *Carroza para actores* (2001) y *Grietas en las paredes* (2007); así como de las novelas *Silencios* (1999), *La viajera* (2005), *Habana, año cero* (2011) y *El hijo del héroe* (2017).

1970

Alejandra Costamagna (Chile): Escritora y periodista. Es autora de los libros de relatos *Malas noches* (2000), *Últimos fuegos* (2005), *Naturalezas muertas* (2010), *Animales domésticos* (2011), *Había una vez un pájaro* (2013) e *Imposible salir de la Tierra* (2016); así como de las novelas *En voz baja* (1996), *Ciudadano en retiro* (1998), *Cansado ya del sol* (2002), *Dile que no estoy* (2005) y *El sistema del tacto* (2018). Sus crónicas han sido reunidas en *Cruce de peatones* (2012).

Wendy Guerra (Cuba): Actriz, poeta, narradora y cineasta. Ha publicado las novelas *Todos se van* (2006), *Nunca fui primera dama* (2008), *Posar desnuda en La Habana* (2011), *Negra* (2013), *Domingo de revolución* (2016) y *El mercenario que coleccionaba obras de arte* (2018).

Andrea Jeftanovic (Chile): Escritora y ensayista. Ha publicado las novelas *Escenario de guerra* (2000) y *Geografía de la lengua* (2007); las crónicas *Destinos errantes* (2016), las entrevistas reunidas en *Conversaciones con Isidora Aguirre* (2009); los ensayos *Hablan los hijos* (2011) y *Escribir desde el trapecio* (2017), y los libros de cuentos *Monólogos en fuga* (2006) y *No aceptes caramelos de extraños* (2015).

Lina Meruane (Chile): Escritora, dramaturga y ensayista. Es autora de las novelas *Póstuma* (2000), *Cercada* (2000), *Fruta podrida* (2007), *Sangre en el ojo* (2012) y *Sistema nervioso* (2018); de los libros de relatos *Las infantas* (1998) y *Avidez* (2020), de las obras de teatro *Un lugar donde caerse muerta* (2012) y *Esa cosa animal* (2021), y de los ensayos *Viajes virales: la crisis del contagio global en la escritura del sida* (2012), *Volverse Palestina* (2013), *Contra los hijos* (2014), *Palestina, por ejemplo* (2018), *Zona ciega* (2021), *Ensayo general* (2022), *Señales de nosotros* (2023) y *Coloquio de las quiltras* (2024).

Catalina Murillo (Costa Rica): Escritora. Ha publicado las novelas *Marzo todopoderoso* (2003), *Tiembla memoria* (2017), *Maybe Managua* (2018), *Eloísa vertical* (2021) y *Una mujer insignificante* (2024). Como dramaturga es autora de *Dulcinea, historia* (2021).

1971

Valeria Correa Fiz (Argentina): Poeta y narradora. Ha publicado los libros de cuentos *La condición animal* (2016) y *Hubo un jardín* (2022).

Nona Fernández (Chile): Actriz, narradora y guionista. Ha publicado el libro de cuentos *El cielo* (2000) y las novelas *Mapocho* (2002), *Av. 10 de julio Huamachuco* (2007), *Fuenzalida* (2012), *Space Invaders* (2013), *Chilean Electric* (2015) y *La dimensión desconocida* (2016). Como ensayista es autora de *Voyager* (2019) y *¿Cómo recordar la sed? Ensayo sobre el tiempo, la historia y sus escombros* (2023).

1972

Ena Lucía Portela (Cuba): Escritora y ensayista. Es autora de los libros de relatos *Una extraña entre las piedras* (1999) y *El viejo, el asesino y yo* (2000); del ensayo *Con hambre y sin dinero* (2017) y de las novelas *El pájaro: pincel y tinta china* (1999), *La sombra del caminante* (2001), *Cien botellas en una pared* (2002) y *Djuna y Daniel* (2008).

Giovanna Rivero (Bolivia): Escritora y profesora universitaria. Ha publicado las novelas *Las camaleonas* (2001), *Tukzon* (2008), *Helena 2022* (2011) y *98 segundos sin sombra* (2014), y los libros de cuentos *Las bestias* (1997), *Contraluna* (2005), *Sangre dulce* (2006), *Niñas y detectives* (2009), *Para comerte mejor* (2015) y *Tierra fresca de su tumba* (2021).

Pilar Quintana (Colombia): Escritora. Ha publicado el libro de cuentos *Caperucita se come al lobo* (2012) y las novelas *Cosquillas en la lengua* (2003), *Coleccionistas de polvos raros* (2007), *Conspiración iguana* (2009), *La perra* (2017) y *Los abismos* (2021).

Socorro Venegas (México): Escritora y editora. Ha publicado las novelas *La noche será negra y blanca* (2009) y *Vestido de novia* (2014); así como los libros de cuentos *La risa de las azucenas* (1997), *La muerte más blanca* (2000), *Todas las islas* (2002), *La memoria donde ardía* (2019) y *Ceniza roja* (2022). Es editora de *Vindictas: cuentistas latinoamericanas* (2020).

Marialuz Albuja Bayas (Ecuador): Poeta, narradora y dramaturga. Ha publicado las novelas En caso de emergencia [no] rompa el vidrio (2017) y Maura (2018); así como el monólogo Mi pe(o)rversión (2024).

1973

Selva Almada (Argentina): Poeta y narradora. Es autora de las novelas *El viento que arrasa* (2012), *Ladrilleros* (2013) y *No es un río* (2020), de los libros de relatos *Niños* (2005), *Una chica de provincia* (2007) y *El desapego es una manera de querernos* (2015), así como de las crónicas reunidas en *Chicas muertas* (2014).

los ensayos *Para entender a Julio Cortázar* (2008) y *Octavio Paz. Las palabras en libertad* (2014).

Vanessa Núñez Handal (El Salvador): Escritora. Ha publicado las novelas *Los locos mueren de viejos* (2008), *Dios tenía miedo* (2011) y *Espejos* (2015), así como el libro-objeto *Caja de cuentos* (2015).

1974

Denise Despeyroux (Uruguay): Escritora, guionista y dramaturga. Es autora de las obras de teatro *Díptico del más allá* (2009), *Carne viva* (2014), *Los dramáticos orígenes de las galaxias espirales* (2016), *Ternura negra* (2016), *La realidad* (2019), *Canción para volver a casa* (2019), *Un tercer lugar* (2019) y *Misericordia* (2024). Como escritora de literatura infantil ha publicado *Infancias* (2011), *Seres diminutos del bosque* (2012) y *El gran libro de las hadas* (2019), y es autora de ensayos como *Palabras de amor de Shakespeare* (2003), *La escuela de los filósofos* (2008) y *El arte de vivir con filosofía* (2013).

1975

Daniela Tarazona (México): Escritora, ensayista y crítico literaria. Ha publicado el ensayo *Clarice Lispector* (2009) y las novelas *El animal sobre la piedra* (2008), *El beso de la liebre* (2013) e *Isla partida* (2021).

Gabriela Wiener (Perú): Poeta, narradora y cronista. Es autora de los libros de cuentos *Kit de supervivencia para el fin del mundo* (2012) y *Llamada perdida* (2014); de las crónicas urbanas reunidas en *Mozart, la iguana con priapismo y otras historias* (2011) y de las crónicas autobiográficas *Sexografías* (2008) y *Nueve lunas* (2009). Ha publicado la novela *Huaco retrato* (2021).

Mariana Enríquez (Argentina): Escritora y periodista. Ha publicado los libros de cuentos *Los peligros de fumar en la cama* (2009), *Las cosas que perdimos en el fuego* (2016), *Ese verano a oscuras* (2019) y *Un lugar soleado para gente sombría* (2024); las novelas *Bajar es lo peor* (1995), *Cómo desaparecer completamente* (2004), *Este es el mar* (2017) y *Nuestra parte de noche* (2019), así como otros títulos de crónicas, ensayos y biografías como *Mitología celta* (2003), *Alguien camina sobre tu tumba. Mis viajes a cementerios* (2013) y *La hermana menor: un retrato de Silvina Ocampo* (2014).

Guadalupe Nettel (México): Narradora y ensayista. Es autora de las novelas *El huésped* (2006), *El cuerpo en que nací* (2011), *Después del invierno* (2014) y *La hija única* (2020); de los libros de cuentos *Juegos de artificios* (1993), *Les jours fossiles* (2003), *Pétalos y otras historias incómodas* (2008), *El matrimonio de los peces rojos* (2013) y *Los divagantes* (2023), además de

1976

María Fernanda Ampuero (Ecuador): Cronista y escritora. Ha publicado el volumen de crónicas *Permiso de residencia* (2013) y los libros de cuentos *Pelea de gallos* (2018), *Sacrificios humanos* (2021) y *Visceral* (2024).

Claudia Salazar (Perú): Novelista y ensayista. Es autora de las novelas *La sangre de la aurora* (2013) y *1814, año de la independencia* (2017) y el libro de cuentos *Coordenadas temporales* (2016).

Fernanda Trías (Uruguay): Escritora. Ha publicado el libro de cuentos *El regreso* (2012) y las novelas *La azotea* (2001), *Cuaderno para un solo ojo* (2002), *La ciudad invencible* (2014) y *Mugre rosa* (2020).

1977

Ariana Harwicz (Argentina): Narradora y ensayista. Ha publicado las novelas *Mátate, amor* (2012), *La débil mental* (2014), *Precoz* (2015), *Degenerado* (2019) y *Perder el juicio* (2024); así como los ensayos *Tan intertextual que te desmayás* (2013), *Desertar* (2020) y *El ruido de una época* (2023).

Rita Indiana (República Dominicana): Cantante, narradora y *performer*. Ha publicado los libros de cuentos *Rumiantes* (1998), *Ciencia Succión* (2001), *Cuentos y poemas* (2017) y *Los trajes* (2021); así como las novelas *La estrategia de Chochueca* (2000), *Papi* (2011), *Nombres y animales* (2013), *La mucama de Omicunlé* (2015), *Hecho en Saturno* (2018) y *Asmodeo* (2024). De su discografía destacamos *Demos* (2009), *El juidero* (2010) y *Mandinga Times* (2020).

Katya Adaui (Perú): Escritora. Ha publicado los libros de cuentos *Un accidente llamado familia* (2007), *Algo se nos ha escapado* (2013), *Aquí hay icebergs* (2017), *Geografía de la oscuridad* (2017); así como las novelas *Nunca sabré lo que entiendo* (2014) y *Quiénes somos ahora* (2023).

Pola Oloixarac (Argentina): Narradora, cronista y traductora. Es autora de las novelas *Las teorías salvajes* (2008), *Las constelaciones oscuras* (2015) y *Mona* (2019); así como de las crónicas *Galería de celebridades argentinas* (2023) y *Bad Hombre* (2024).

1978

Samanta Schweblin (Argentina): Escritora. Ha publicado los libros de cuentos *El núcleo del disturbio* (2002), *Pájaros en la boca* (2009) y *Siete casas vacías* (2015); así como la novelas *Distancia de rescate* (2014) y *Kentukis* (2018).

Dolores Reyes (Argentina): Escritora. Ha publicado las novelas *Cometierra* (2019) y *Miseria* (2023):
1979
Claudia Ulloa Donoso (Perú): Narradora y bloguera. Es autora del libro de cuentos *El pez que aprendió a caminar* (2006), *Pajarito* (2015) y *Yo maté un perro en Rumanía* (2022), así como el cuaderno de bitácora *La séptima madrugada* (2007).

Michelle Roche (Venezuela): Escritora y cronista. Ha publicado el ensayo *Madre mía que estás en el mito* (2016), el libro de cuentos *Gente decente* (2017) y la novela *Malasangre* (2020).

1980

Margarita García Robayo (Colombia): Esctitora. Es autora de los libros de cuentos *Hay ciertas cosas que una no puede hacer descalza* (2009), *Las personas normales son muy raras* (2011), *Orquídeas* (2012), *Cosas peores* (2014) y *Primera persona* (2017); así como de las novelas *Hasta que pase un huracán* (2012), *Lo que no aprendí* (2014), *Tiempo muerto* (2017) y *La encomienda* (2023).

1981

Liliana Colanzi (Bolivia): Escritora, ensayista y editora. Ha publicado los libros de cuentos *Vacaciones permanentes* (2010), *La ola* (2014), *Nuestro mundo muerto* (2016) y *Ustedes brillan en lo oscuro* (2022).

Brenda Lozano (México): Escritora. Es autora de las novelas *Todo o nada* (2009), *Cuaderno ideal* (2014), *Brujas* (2020) y *Soñar como sueñan los **árboles*** (2024), así como del libro de cuentos *Cómo piensan las piedras* (2017).

Ariel Florencia Richards (Chile): Escritora y artista visual. Es autora de las novelas *Las olas son las mismas* (2016) e *Inacabada* (2023).

Tamara Tenenbaum (Argentina): Narradora y ensayista. Ha publicado el ensayo *El fin del amor* (2019), el libro de cuentos *Nadie vive tan cerca de nadie* (2020) y las novelas *Todas nuestras maldiciones se cumplieron* (2021) y *La última actriz* (2024).

1982

Fernanda Melchor (México): Cronista y narradora. Es autora del libro de crónicas *Aquí no es Miami* (2013) y de las novelas *Falsa liebre* (2013), *Temporada de huracanes* (2017) y *Páradais* (2021).

Karina Sainz Borgo (Venezuela): Escritora y periodista. Ha publicado las novelas *La hija de la española* (2019), *El Tercer País* (2021) y *La isla del Doctor Shubert* (2023); así como los libros de crónicas *Caracas hip-hop* (2007), *Cuatro reportajes, dos décadas, una historia: Tráfico y Guaire, el país y sus intelectuales* (2007) y *Crónicas barbitúricas* (2019).

Brenda Navarro (México): Escritora y ensayista. Es autora de las novelas Casas vacías (2018) y Ceniza en la boca (2022).

1983

Valeria Luiselli (México): Escritora y ensayista. Ha publicado las novelas *Lost Children Archives* (2019), *Los ingrávidos* (2011) y *La historia de mis dientes* (2013), así como los ensayos *Papeles falsos* (2010), *Where you are* (2013) y *Los niños perdidos. Un ensayo en 40 preguntas* (2016).

1984

Isabel Zapata (México): Escritora, poeta y traductora. Ha publicado la novela *Troika* (2024) y los ensayos *Alberca vacía* (2019) e *In vitro* (2021).

Ana Teresa Toro (Puerto Rico): Escritora y periodista. Es autora de las novelas *Cartas al agua* (2015) y *El cuerpo de la abuela* (2016). Sus crónicas han sido compiladas en *Las narices de los perros* (2015).

1988

Paulina Flores (Chile): Poeta y narradora. Ha publicado el libro de cuentos *Qué vergüenza* (2015) y la novela *Isla decepción* (2021).

Mónica Ojeda (Ecuador): Escritora. Es autora de las novelas *La desfiguración Silva* (2014), *Nefando* (2016), *Mandíbula* (2018) y *Chamanes eléctricos en la fiesta del sol* (2024); así como del libro de cuentos *Las voladoras* (2020).

Jazmina Barrera (México): Ensayista y escritora. Ha publicado la novela *Punto de cruz* (2021) y los ensayos *Cuerpo extraño* (2013), *Cuaderno de faros* (2017), *Línea negra* (2021) y *La reina de espadas* (2024).

1991

Lorena Salazar Masso (Colombia): Escritora. Es autora de las novelas *Esta herida llena de peces* (2021) y *Maldeniña* (2023).

Todas las narradoras que he citado, desde la mexicana Margo Glantz (1930) hasta la colombiana Lorena Salazar Masso (1991), se encuentran felizmente escribiendo y publicando. Todas son contemporáneas y configuran un universo extraordinario. La lista podría haber sido más extensa, pero he querido limitarme a las autoras que he leído y cuyas obras conozco. Con todo, me gustaría hacer hincapié en un detalle curioso, aunque no necesariamente significativo: ¿cuántas de las 40 escritoras seleccionadas publicaron su primer libro antes de cumplir los 30 años?

> **«Hoy sería impensable prescindir de las autoras que he convocado en la presente ponencia, mas no por corrección política, sino porque en América Latina las escritoras son mayoría y son mejores.»**

Entre las nacidas en los 60 tendríamos 6. A saber, Karla Suárez, Andrea Maturana, Gabriela Alemán, Jacinta Escudos, Rosa Beltrán y Cristina Rivera Garza. Sin embargo, la precocidad aumentó en las autoras de los 70, donde tenemos 9: Alejandra Costamagna, Lina Meruane, Ena Lucía Portela, Giovanna Rivero, Mariana Enríquez, Guadalupe Nettel, Denise Despeyroux, Fernanda Trías, Rita Indiana, Samanta Schweblin y Claudia Ulloa Donoso. Y aunque todavía es muy pronto para valorar a las escritoras que nacieron en la década del 80, sí me hace ilusión decir que quienes publicaron antes de cumplir los 30 se han convertido en autoras de referencia, como Margarita García Robayo, Brenda Lozano, Liliana Colanzi, Tamara Tenenbaum, Karina Sainz Borgo, Valeria Luiselli, Paulina Flores, Jazmina Barrera y Mónica Ojeda.

Entre las figuras protagonistas del Boom no hubo ninguna escritora en primera línea. En *McOndo* (1996) —la célebre antología de Alberto Fuguet y Sergio Gómez— tampoco hubo autoras antologadas. En *Líneas aéreas* (1999) —la fastuosa antología que Eduardo Becerra preparó para la editorial Lengua de Trapo— apenas hallamos 14 narradoras de un total de 70 escritores nacidos a partir de 1960, de las cuales repiten en mi lista Alejandra Costamagna, Patricia de Souza, Andrea Maturana, Mayra Santos-Febres y Karla Suárez. Y en el I Encuentro de Escritores Latinoamericanos que la editorial Seix Barral celebró en Sevilla en 2003 y que fue el último acto público donde participó Roberto Bolaño, la única autora invitada fue la mexicana Cristina Rivera Garza, de un total de 12 narradores. Hoy sería impensable prescindir de las autoras que he convocado en la presente ponencia, mas no por corrección política, sino porque en América Latina las escritoras son mayoría y son mejores. Como lectores de literatura en español, los exhorto a leer las obras de Samanta Schweblin, Ena Lucía Portela, Lina Meruane, Mariana Enríquez, Guadalupe Nettel y Valeria Luiselli, porque ellas marcarán los derroteros de la narrativa latinoamericana durante las próximas décadas.

Guía de las doce casas mágicas de Toledo.

POR ELHORA DANA
ILUSTRACIÓN JAVI COHEN

No tenemos certeza de cuándo se crearon cada una de ellas, pero la primera regulación la encontramos en el manuscrito original de las Siete Partidas, que se conserva en la torre izquierda del Alcázar.

En la actualidad estas son las denominaciones de las Doce Casas y algunas de sus atribuciones mágicas.

1.- CARTULARIOS: Se cree que fue la primera casa fundada y que lo hizo el propio rey Rocas.

Dividida entre los CARTULARIOS NATURALES y CARTULARIOS MÁGICOS, los primeros están dedicados a la recopilación de las ciencias naturales y conservan las columnas o mojones, donde estaba grabado todo el conocimiento del mundo y de las cuales, 30 estaban fabricadas en hierro y 70 en mármol, junto con el libro de Rocas. Y los segundos dedicados a la recopilación de las ciencias mágicas, conservan los saberes transmitidos por la Ninfa Vegoia[1].

Posteriormente y con Alfonso X, el Mago/Sabio[2], la casa mágica se subdividió en dos gremios, el de Lectores –magia leída o recitada- y el de Scriptores – condensan magia en hechizos y recopilan magia tradicional y antigua.

2.- FORJADORES: Casa en la que se agrupan aquellos magos que poseen el poder de domar la materia (entre otras ciencias mágicas dominan la transmutación y la traslación de objetos inanimados)[3].

---

1   Vegoia fue la ninfa amante de Rocas y fundadora de las ciencias aruspicinas.
2   Según si hablamos de cartularios naturales o mágicos se refieren a Alfonso X como Sabio o Mago.
3   Aunque está prohibida la traslación de objetos vivos, se han empezado a realizar experimentos en colaboración con el CREN.

También son los encargados del diseño de ciudades, la planificación de ampliaciones o ensanches junto con la división de los territorios en función de la delimitación de las líneas telúricas terrestres descritas por Tages[4].

En el caso de Toledo, la casa de forjadores tenía una importancia capital, al convertirse en la primera línea de defensa frente a ataques, invasiones, procesiones o tumultos, alterando la configuración, cerrando o abriendo pasos, estrechando o ampliando calles e incluso transformándolas en intrincados laberintos. De hecho, esta táctica defensiva se hizo tan habitual entre los siglos XI y XIII que provocó la alteración de la morfología de la ciudad e hizo imposible su recuperación primigenia, rompiendo el orden ortogonal mágico. El aspecto laberíntico y estrecho actual es el resultado de las alteraciones de esa época.

A partir del siglo XII a estos magos se les denominó Carreteros y más adelante hacia la primera mitad del siglo XIX, Guardavías.

3.- ARÚSPICES: Son magos que se encargan de interpretar los designios contenidos en los signos mágicos.

El origen de esta ciencia mágica se encuentra en Etruria y fue Atalo[5] quien entregó al Gremio Mágico de los Arúspices y Augures, los OMINUM LIBRI. Estos eran una compilación adivinatoria compuesta por los Liber Haruspicini, que contenía la técnica de adivinación a través del estudio de las vísceras de los animales sacrificados, los Liber Ritualiisque encierran los saberes de la ornitomancia[6], la cleromancia[7] y por último los Liber Fulgurales[8], que revelaban los designios del destino en función de los atributos de los rayos y los truenos[9].

4.- ASTRÓNOMOS: Se dedican al estudio de los astros y su influencia sobre las cosas, además de dividir el tiempo, lo que posteriormente les llevó a desarrollar la capacidad de control. A los primeros magos que obtuvieron esta destreza se les llamaba Holorigenios[10], posteriormente se vulgarizó el nombre hasta el de Relogeros. En la actualidad este arte mágico está

---

4   Divinidad que entregó los conocimientos de la agricultura, el diseño de ciudades y algunas prácticas adivinatorias. Aunque no está claro que en el origen de Toledo, estuviera en el propio Tages, algunos textos recopilados por los cartularios mágicos señalan la voluntad de este en su fundación, de hecho se ha señalado la cercanía etimológica entre Tages, Tajo y Toledo, afirmando los estudiosos que Toledo surgió como un corte hecho por el filo del arado que generó a la deidad. A sensu contrario, los Cartularios Naturales, que afirman que Toledo se formó por la acción neotectónica alpina o el encajamiento del río Tajo en los materiales ígneo-metamórficos.

5   Filósofo estoico, maestro de Séneca y desterrado por Tiberio.

6   Al igual que las artes fulgurales, esta técnica adivinatoria se practicaba al alba observando la dirección del vuelo de las aves, por un arúspice sentado en la silla primigenia que situaba en un lugar alto y mágico. Dado que el silencio era una condición esencial, este rito está en decadencia, razón, que ven algunos en la abundancia de aves en la ciudad.

7   Ciencia adivinatoria por la que se asignaban palabras a objetos imbuidos de poder, para obtener con ellos designios o respuesta a pregunta.

8   Esta técnica en la actualidad muy limitada y solo se permite en Toledo su práctica en las zonas donde se han habilitado los debidos pararrayos como en la torre alta de la Catedral o en el torreón Sur del Alcázar, para evitar muertes accidentales de toledanos o turistas.

9   De un auspicio fulgural surgió la premonición de lo que hoy conocemos como la leyenda de la Cueva de Hércules, el Palacio Encerrojado y la pérdida de España. Recogen los libros que el comes o gobernador de Ceuta, llamado Julianus u Oban, que fue uno los arúspices visigodos más importantes. Éste había predicho la caída del reino y la entrada de las tropas árabes, pero partidario de los sucesores del caído Witiza, guardó en el llamado Palacio Encerrojado, el auspicio de desgracia para Rodrigo, que murió en el enfrentamiento con las tropas de Tariq en el 711. Los cronicones a partir del siglo IX, envuelven en la leyenda los verdaderos sucesos y que solo se encuentran recogidos en el original de Áhmad ibn Muhámmad al-Razi, que se conserva custodiados en la Biblioteca Secreta del Edificio Lorenzana.

10   Porque las primeras técnicas de control se realizaban a través de los llamados horologïum -relojes que contenían arena mágica.

limitado a unos pocos practicantes y solo se enseña a aquellos estudiantes que han superado unas duras pruebas. El relojero más famoso de todos los tiempo de Toledo es Bienvenido el Rojo[11].

5.- BENDICERAS: Es uno de los gremios más singulares de las Doce Casas Mágicas toledanas. Formado únicamente por mujeres, sus componentes tienen la capacidad natural de curar males, sobre todo aquellos que se han causado como consecuencia de un embrujo y de provocarlos.

Durante los siglos XVI y XVII estuvieron fuertemente controlados por las órdenes clericales y el poder real[12].

La Genia Cuculla[13] más relevante fue Magdalena de Guzmán quien entra en las ordenes Bendiceras durante el encarcelamiento ordenado por Felipe II en Convento de Santa Cruz[14].

6.- LICTORES: Cuerpo de Magos versados en el arte del control corporal y la dominancia.

Como en todas las sociedades el uso de la violencia lícita está controlado por el Estado. EL cuerpo de Lictores está integrado dentro del cuerpo de Policía Nacional y en concreto en la Comisaría General de Magia y Nigromancia, dirigida por el también mago comisario general Briongos.

Fuera de estos cuerpos el uso de la magia está restringido.

7.- SEDEROS: Ciencia desarrollada primordialmente por las Parcas y las Sibilas, se encargan de desentrañar los hilos vitales y el control natural de su continuidad. Algunos miembros de estas casas están integrados en el cuerpo de Lictores, dado que en el caso de muertes anticipadas pueden identificar si la ruptura de la línea vital fue provocada o no y en algunas circunstancias por qué.

8.- NERÓMAGOS: Magos que practican la magia negra o magia de muertos tambien llamada Nigromancia.

Esta última, fue prohibida durante el reinado de Isabel la Católica y perseguida por la Santa Hermandad, prohibición que se levantó con la creación de la Policía General del Reino, quien otorgaba las autorizaciones para la práctica legal de esta magia.

Con la invención de la ouija, de la técnica mesmérica –aún se está discutiendo la fiabilidad de esos contactos de ultratumba- de la jaula de Faraday y con la aparición de los espiritistas -que es una version más ligera de la nigromancia-, la casa de los nerómagos fue una de las casas

---

11   De edad es indeterminada - se dice de él que ha sido capaz incluso de confundir a la muerte las veces que ha venido a visitarle- y con un característico pelo rojo lleva siendo el maestro conservador de todos los relojes de la ciudad de Toledo incluido el situado en la puerta del reloj de la Catedral y el reloj sin tiempo que se encuentra custodiado por este maestro relojero en el sótano de la Casa Filo.

12   Fue Carlos III, quien, entre otras reformas sociales, redefinió las Doce Casas gremiales, sus saberes mágicos y competencias, dotándolas de sedes permanentes y desligándolas del poder civil o religioso.

13   Los Genii Cucullati eran unos demons portadores de los saberes regenerativos provenientes de las culturas célticas. En Roma eran identificados con Telesforo uno de los hijos tardíos de Asclepio y que según la tradición acompañó a su padre junto con su hermana Salus o Higia, por el mundo curando y enseñando a curar. Es incierto el momento de la llegada a Toledo, pero los más importantes se formaron en la llamada Edad de Oro del Islam (VIII y XII-XIII) y que serían recogidos y traducidos por el scriptorium alfonsí.

14   La sede de las Bendiceras se trasladó al actual Museo de Santa Cruz –en esa época Hospital- tras la primera encarcelación que sufrió Magdalena de Guzmán por orden de Felipe II y con la excusa de los amoríos con el hijo del Duque de Alba. Durante ese tiempo y mientras fue atendida por las complicaciones de su embarazo, se descubrió el potencial de la dama como mago. Al no poder salir del hospital y debiendo completar su formación, se autorizó el traslado de algunas bendiceras al edificio. La migración definitiva se realizó en 1603, durante el segundo encarcelamiento de la ya Marquesa del Valle y por su enfrentamiento con el Duque de Lerma quien pretendía la dirección de esa casa mágica también.

más populares durante el siglo XIX: Escritores como Bécquer o Zorrilla fueron algunos de los nerómagos más importantes[15].

9.- TEMPESTARIOS O HACEDORES DE TORMENTAS:

Conocedores de, no solo los misterios fulgurales de la aruspicina, podían convocar lluvia, granito, vientos huracanados. También alejarlos o dirigirlos a voluntad.

Originariamente pertenecieron a la casa de los Forjadores, pero se determinó su separación por diferencias filosóficas irreconciliables[16].

La práctica de esta ciencia mágica también está restringida[17].

10.- BESTIARIOS:

Cuerpo protector de la fauna mágica. En Toledo se dedicaban al control de la población de anguilas de agua dulce y a la protección de la Tarasca[18].

11.- RETÓRICOS:

Casa de reciente creación. Sus antecedentes se encuentran en la antigua Casa de los Encantadores cuya actividad fue prohibida tras el famoso episodio de las dos muertes del marqués de Villena[19].

Posteriormente se unió a ésta casa la de los Racioneros.

Desarrollan potentes dotes de persuasión e influencia y sobre todo practican la magia germinal, que consiste en el cultivo de ideas en los hombres.

12.- ORÁCULO:

Esta casa no está formada por magos sino que se creó para el depósito y custodia de objetos mágicos adivinatorios, como por ejemplo el Misorium, los libros sibilinos, la mesa de Salomón y el Zohar.

Suele estar custodiada por cuatro augures y es excepcional el mago con capacidad para la captación e interpretación de los designios emanados de estos objetos.

Conocido el designio se consigna en el Libro de los Augurios y Predicciones que se deposita en el Palacio Encerrojado, situado en la antigua Cueva de Hércules[20].

15   De hecho, están datados los contactos que Bécquer tuvo con Poe. Se discute entre los Cartularios Naturales, la autoría del Monte de las ánimas, puesto que los primeros se la atribuyen directamente a Bécquer, mientras que los Cartularios Mágicos afirman que fue el ánima de Poe quien le dictó el relato.

16   Mientras que los magos forjadores afirman que sus creaciones se producen por generación espontánea –siguiendo las tesis de Aristóteles y los trabajos de investigación de Boffon y Caliostro- los Tempestarios, eran fieles creyentes de las leyes de la termodinámica -Newton y Heisenberg-. En el año 1875 durante la celebración del XXII Concilio de Magia en el Castillo de San Servando, se produjo está escisión, y la unión de la antigua Casa de Racioneros a la de los Retóricos.

17   La imprevisibilidad de la direccion del rayo, provocó que las autoridades civiles decidieran la colocación de pararrayos en las torres de los edificios. El más potente de todos está en la torre alta de la Catedral, que se instaló en 1859, por los daños causados en 1856 y en 1859, convocado ambos a instancias de Isabel II. Ahora los auspicios se realizan en la finca de Las Sislas – que fue en su día propiedad de la condesa de Arcentales, miembro de la casa de las Bendiceras y cuyo palacio situado en esta misma finca fue destruido en los años 70, tras la caída de un rayo invocado para obtener augurios sobre la muerte del Generalísimo.

18   Animal prodigioso con cuerpo de galápago, alas de vampiro y cabeza de serpiente, que expulsa humo y agua su nacimiento se debió a un fallido conjuro realizado por la Bestiaria Marta de Betania y se desconoce cómo acabó en Toledo.

19   Dicho Marques consiguió persuadir a la parca de que no era el momento de su muerte la noche que fue a visitarle. Alertadas las sederas de extraña extensión de la vida de muchos habitantes de Toledo durante los siglos XIV y XV, se dieron cuenta de que la parca había abandonado sus funciones y ahora trabajaba de abatanadora en las orillas del Tajo. Reunidas las Doce Casas, se prohibió la magia de los Encantadores, y al marqués se le obligó a servir a la Parca hasta que esta hubiera segado la vida de aquellos que vivieran tiempo prestado. Aún permanece en este mundo, pero se desconoce su paradero.

20   En la actualidad lo que ahora se llama la Cueva de Hércules es un depósito de agua construido en época romana (primera mitad del siglo I a.C) para el abastecimiento de la ciudad, que formaba parte de la red hidráulica romana de Toletum. Transformado en época visigoda en templo cristiano, posteriormente en mezquita y más tarde sobre el siglo XII en la parroquia de San Ginés. Ahora es una sala de exposiciones abierta al público.

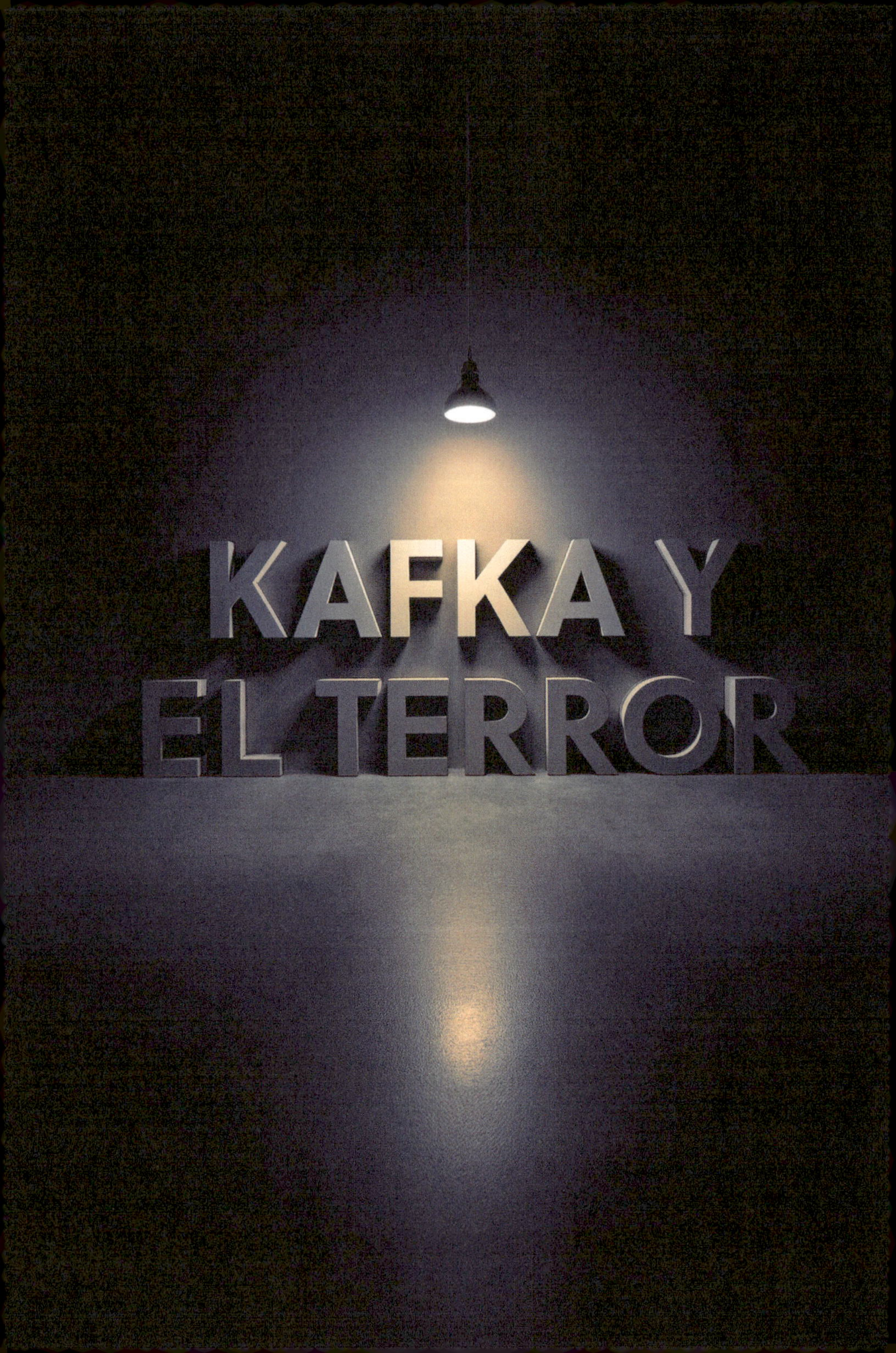
KAFKA Y
EL TERROR

Una aproximación a Kafka como escritor de horror

POR JESÚS PALACIOS

Aunque difícilmente pueda considerarse la obra de Kafka como perteneciente al género de terror en sentido estricto, es posible que sea en éste donde más haya influido, donde más certera e insidiosamente se haya inscrito lo kafkiano como componente tan inherente e idiosincrásico del mismo como pueda serlo, en otro sentido o sentidos, lo lovecraftiano.

Si bien novelas como El castillo y El proceso o relatos como "La metamorfosis" "La condena", "En la colonia penitenciaria", "El cazador Gracchus" y "Un artista del hambre", por citar ejemplos característicos, están muy lejos de utilizar las estructuras y constantes formales del cuento de miedo, ya sea éste, fantástico o no, cuya finalidad principal es provocar en el lector el escalofrío del terror, en todos ellos se hace omnipresente una atmósfera de angustia, inquietud y amenaza que acaba por conducirnos a territorios colindantes con el propio miedo, el terror y hasta el puro horror.

A diferencia de Edgar Allan Poe, M. R. James o Lovecraft, Kafka no está interesado en la construcción interna del cuento como artefacto para manipular al lector, para conducirlo hasta un fin y una emoción determinados: el miedo. Por el contrario, Kafka desarrolla unas cualidades oníricas, irracionales, irreductibles a lógica alguna, que preludian el Surrealismo y el Absurdo, a través de un cierto fatalismo nihilista, relacionado con la imposibilidad de acceder a conocimiento definitivo alguno de la existencia, que lo distancian de las convenciones y cualidades genéricas del cuento de terror clásico para convertirse, sin embargo, en perfecto precedente del horror moderno.

Apuntemos siquiera someramente qué consideramos aquí como terror clásico y qué como horror moderno, así como, cuáles serían para nosotros sus características y diferencias esenciales.

El terror clásico, como su propio nombre implica, conlleva una estructura narrativa también "clásica". Es decir, una disposición formal armónica, construida de manera coherente siguiendo, a grandes rasgos, la estructura de "principio, nudo y desenlace", necesariamente en ese orden. En los cuentos clásicos de miedo, esta estructura suele corresponderse a una introducción donde el escenario y personajes se presentan dentro de una cierta "normalidad" (principio). Esta "normalidad", retratada más o menos de manera realista, se ve repentinamente interrumpida por la aparición (a veces literalmente) de un elemento o elementos sobrenaturales (fantasma, monstruo, suceso paranormal, etc.) inexplicables, que cuestionan e invaden violentamente la "normalidad", poniendo en peligro a los personajes del relato (nudo). Finalmente, esta irrupción es reconducida o eliminada, destruida o explicada de forma más o menos satisfactoria, devolviendo a los personajes y al lector a la "normalidad", aunque esta haya quedado afectada por el suceso monstruoso o sobrenatural, pudiendo tener incluso un final trágico (desenlace). Esta estructura, siempre generalizando y a grandes rasgos, es típica del cuento de fantasmas y terror gótico que se desarrolla entre mediados del siglo XVIII y principios del XX.

El horror moderno, por el contrario, se correspondería a su vez con las características principales de la "modernidad", que aparecen en la literatura de vanguardia desde finales del siglo XIX hasta mediados del XX. Aquí, predominan la desestructura, la ironía, la deconstrucción e incluso la experimentación. Los conceptos mismos de "normalidad" y "anormalidad" de una situación, escenario o personajes dados, se confunden. Desaparece o se cuestiona radicalmente la existencia de cualquier logos, de cualquier rationale que pueda explicar el suceso o sucesos monstruosos, tanto en términos realistas como fantásticos, tanto científicos como místicos, esotéricos o religiosos. La estructura de "principio, nudo y desenlace" se ve afectada siempre, de una u otra forma. El relato puede comenzar in media res, verse interrumpido abruptamente, invertir su desarrollo, pero, sea como sea, su final nunca devuelve certeza de normalidad alguna al lector ni a sus personajes.

Por supuesto, no existe una separación estricta, exacta y perfectamente definida de ambos modelos o modos de afrontar el cuento de terror. Abundan ejemplos en autores clásicos de relatos y novelas con sorprendentes rasgos de modernidad, así como siguen existiendo otros aparentemente modernos que tienden mucho más al clasicismo. Pero, al mismo tiempo, no cabe duda de que esta dicotomía es real, así como de que marca ciertas distancias entre los escritores a quienes preocupa sobre todo la búsqueda del miedo en el lector —o espectador, si nos referimos a ejemplos cinematográficos— a través de una serie de procedimientos técnicos coherentes, construidos cuidadosamente y con una finalidad fundamentalmente catártica (despertar el terror del lector durante el tiempo de lectura, para devolverle después a la tranquila seguridad de su vida cotidiana al cerrar el libro); y aquellos para quienes lo principal es provocar en sus lectores una profunda inquietud diríamos que existencial, una sensación de perturbación, desazón e incluso miedo que siga acompañándolos tras finalizar las páginas del relato. Y es aquí donde la obra de Kafka ilumina y prepara como pocas el advenimiento de este terror moderno.

Como afirma el escritor Steve Rasnic Tem: "Ninguna novela moderna captura la sensación de una pesadilla lúcida mejor que El proceso de Kafka. Las obsesiones del sueño continúan en la vida despierta y se encarnan en las personas y objetos que rodean al protagonista". (S. R. Tem; "Franz Kafka. The Trial". En Horror 100 Best Books. Stephen Jones & Kim Newman (Eds.). Carroll & Graf Pub. Inc. New York, 1988, 1990).

El miedo en Kafka se deriva, pues, no tanto de la forma, del argumento ni del desarrollo de sus historias (si puede hablarse a veces de tal desarrollo), como de sus cualidades internas, emocionales, reflexivas y hasta metafísicas. El que se manifiesten a través de un formato paradójico, abierto, des-estructurado en el sentido narrativo clásico, aumenta su carga de profundidad psicológica, que arrastra al lector a la inquietud, la incertidumbre y el desconcierto. Se crea en nosotros una percepción netamente kafkiana del mundo que nos rodea, que sin ser el miedo desnudo y directo que pueden despertar los terrores psicológicos de Poe, los espectros ancestrales de M. R. James o las inhumanas criaturas y dimensiones desconocidas de Lovecraft, suscita una sensación de horror e impotencia tan próxima a veces al puro espanto que llega a confundirse con este.

> **<<Abundan ejemplos en autores clásicos de relatos y novelas con sorprendentes rasgos de modernidad, así como siguen existiendo otros aparentemente modernos que tienden mucho más al clasicismo.>>**

Sólo nos mantiene a salvo la distancia irónica y el extrañamiento que transmiten el estilo desnudo, conciso y "realista" de Kafka, creando una desconexión íntima entre el lector y lo narrado, que al tiempo que nos evita los sustos baratos y emociones fuertes del género de terror, nos inyecta a cambio una profunda sensación de inquietud y desasosiego, que nos acompaña mucho después de concluida la lectura y pasa, de hecho, a formar parte de nuestra visión del mundo y la realidad.

Si Kafka, por tanto, no escribe historias de miedo o cuentos de terror estrictamente hablando, sí convierte lo kafkiano, en su más amplia acepción, en proveedor inagotable de miedos, terrores y ansiedad. En definitiva, en un arsenal infinito de elementos tanto formales como argumentales que contribuyen a la consolidación del género de horror moderno y posmoderno, tanto literario como cinematográfico, de manera tan fundacional y fundamental como lo hicieran los citados Poe y Lovecraft.

Estos elementos o componentes kafkianos se pueden rastrear fácilmente en una serie de títulos representativos de distintas tendencias dentro del terror cinematográfico, así como de otros subgéneros próximos y afines.

Resulta obvio, pero no por ello menos significativo que "La metamorfosis" puede y debe verse como evidente ejemplo pionero de ese body horror que se consolida cinematográficamente entre finales de los años setenta y los ochenta gracias a las obras de David Cronenberg, David Lynch, Clive Barker y sus seguidores. El infeliz Gregor Samsa, con su despertar transformado inusitada e inexplicablemente en bicho de gran tamaño (cucaracha, escarabajo o lo que sea, dejemos las cuestiones entomológicas aparte), se convierte, literalmente, en paradigma de la Otredad. De la marginación no solo familiar y social sino prácticamente existencial que acompaña el hecho de sufrir una mutación inimaginable, un inesperado cambio radical, tanto físico como psicológico.

Resulta lógico que David Cronenberg fuera el encargado de escribir una introducción a la nueva edición americana de "La metamorfosis", publicada en 2014 con traducción al inglés de Susan Bernofsky.

No fueron pocos quienes vieron en La mosca (The Fly, 1986) del director canadiense, cuyo nombre se ha hecho sinónimo del concepto mismo de Nueva Carne y del género del body horror (horror corporal o físico), más una suerte de personal adaptación del clásico de Kafka que del relato original del escritor de ciencia ficción Georges Langelaan, publicado por Playboy en 1957 y llevado ya a la pantalla al año siguiente por Kurt Neuman.

Existen muchos paralelismos razonables entre el Samsabicho (Samsabeetle) kafkiano y el Brundlemosca (Brundlefly) de Cronenberg, aunque también varias diferencias fundamentales. La más obvia e importante es que el Brundle del filme atraviesa conscientemente todo un calvario de transformación, siendo un individuo activo y bien activo, integrado en la sociedad como científico de éxito que, finalmente, se convierte en una amenaza para quienes le rodean. Es decir, en un auténtico monstruo. Por el contrario, la metamorfosis del joven viajante de comercio Gregor Samsa es tan repentina como inexplicable, la sufre más o menos como una desgracia sobrevenida, casi se diría que natural, una suerte de enfermedad o accidente. Samsa es un sujeto eminentemente pasivo, no sólo no representa amenaza alguna para su familia, sino que finalmente es esta quien le repudia, mientras él se deja morir triste y apaciblemente, deseando no ser más una molesta carga para sus seres queridos. Aquí, el monstruo son antes su familia y compañeros de trabajo, cuyo rechazo y falta de empatía (por otra parte comprensibles, no nos engañemos) contribuyen al menos parcialmente a la muerte anunciada del pacífico y triste Samsabicho.

Normal. Porque como ya se dijo, Kafka no es un autor de terror, sino alguien que produce angustia, inquietud e incomodidad utilizando la ficción fantástica. La mosca de Cronenberg es un ejemplo perfecto de cómo lo kafkiano se imbrica y altera, muta, la narrativa tradicional del género de horror para enriquecerla y llevarla en otras direcciones. Es, precisamente, la falta de estructura dramática convencional, de elementos característicos del cuento de terror e incluso de reflexión filosófica o metafísica alguna, lo que impacta de forma tan brutal e inolvidable en el lector de "La metamorfosis". Como explica Cronenberg:

"La historia de Langelaan (...) se inscribe firmemente en el género de ciencia ficción, con toda la mecánica y los razonamientos de su héroe científico cuidadosamente construidos, aunque de forma fantasiosa (utiliza dos cabinas telefónicas usadas). La historia de Kafka, por supuesto, no es ciencia ficción; no provoca un debate sobre la tecnología y la arrogancia de la investigación científica, o el uso de la investigación científica con fines militares. Sin ningún tipo de ciencia ficción, La metamorfosis nos obliga a pensar en términos de analogía, de interpretación reflexiva, aunque es revelador que ninguno de los personajes de la historia, incluido Gregor, piense nunca así. No hay ninguna meditación sobre un secreto familiar o un pecado que pudiera haber inducido una represalia tan monstruosa por parte de Dios o de las Parcas, ninguna búsqueda de sentido ni siquiera en el plano existencial más básico. El extraño suceso se trata de forma superficial, mezquina y materialista, y suscita la más estrecha gama de respuestas emocionales imaginables, asumiendo casi inmediatamente el tono de un desafortunado suceso familiar natural con el que hay que lidiar a regañadientes."
(David Cronenberg; "Prólogo" para The Metamorphosis: A New Translation by Susan Bernofsky. W. W. Norton & Company, 2014).

Aquí Cronenberg, como otros antes que él pero quizá de forma más clara y clarificadora, pone el dedo en la llaga: es la ausencia de dramatismo, de búsqueda de sentido, de especulación moral o filosófica, a través de una expresión literaria aparentemente simple, cruda y directa, la que hace de Kafka un narrador tan potente, a un tiempo fantástico y realista, mucho más accesible formalmente que contemporáneos en el viaje hacia la modernidad como Joyce, Proust, Faulkner o Céline, al mismo tiempo que mucho más inaccesible y abierto a infinitas interpretaciones.

En La mosca, Cronenberg utiliza elementos kafkianos para aumentar el impacto de una trama que, de no ser por ello y por la propia impronta autoral del director, no sería más que otra monster movie del montón. Y lo hace porque su personal interpretación de la odisea trágica de la mosca humana es la misma que preside, desde su punto de vista y posición existencial, la no menos trágica fatalidad del bicho humano de Kafka:

"Hace poco me desperté una mañana y descubrí que era un hombre de setenta años. ¿Es esto diferente de lo que le ocurre a Gregor Samsa en La Metamorfosis? Se despierta y descubre que se ha convertido en un escarabajo de tamaño casi humano (probablemente de la familia de los escarabajos, si se puede creer a la charlatana de su casa), y además no es un espécimen especialmente robusto. Nuestras reacciones, la mía y la de Gregor, son muy similares. Estamos confundidos y desconcertados, y pensamos que se trata de un delirio momentáneo que pronto se disipará, dejando que nuestras vidas continúen como antes. ¿Cuál podría ser el origen de estas transformaciones gemelas? Ciertamente, se puede ver venir un cumpleaños a muchos kilómetros de distancia, y no debería ser un shock o una sorpresa cuando ocurre. Y como le dirá cualquier amigo bienintencionado, los setenta son sólo un número. ¿Qué impacto puede tener realmente ese número en una vida humana física real y única? (...)

Estos dos escenarios, el mío y el de Gregor, parecen tan diferentes que uno podría preguntarse por qué me molesto en compararlos. Pero sostengo que el origen de las transformaciones es el mismo: ambos hemos despertado a una conciencia forzada de lo que realmente somos, y esa conciencia es profunda e irreversible; en cada caso, el engaño pronto resulta ser una realidad nueva y obligatoria, y la vida no continúa como antes." (David Cronenberg; Íd. Op. Cit.).

Más allá y más acá de interpretaciones religiosas, psicoanalíticas, sociopolíticas, marxistas o teológicas, para el director de Vinieron de dentro de... (Shivers, 1975), Rabia (Rabid, 1977), Cromosoma 3 (The Brood, 1979), Scanners (1981), Videodrome (1983), El almuerzo desnudo (Naked Lunch, 1991), Crash (1996), eXistenZ o Crímenes del futuro y, desde luego, La mosca, películas todas que sientan y asientan el concepto de body horror llevándolo a su máxima expresión, pero que participan todas también de un sesgo kafkiano evidente (u oculto), este mismo body horror no es más, ni menos, que la elaborada metáfora estética, narrativa y filosófica de nuestra realidad como entes netamente físicos y materiales, sometidos a las implacables leyes de la naturaleza y, especialmente, de la entropía: condenados a envejecer, enfermar y morir. Expresiones humanas y antropomórficas para designar el cambio, la transformación de nuestras células y componentes esenciales en otras formas de vida carentes de conciencia y sentido de la propiocepción, pero no por ello menos vivas.

Sin embargo, en todas estas y otras de sus fábulas, Cronenberg utiliza los recursos y convenciones propios del género de terror y ciencia ficción, para articular su visión del mundo y, sobre todo del ser humano. Kafka, como ya hemos señalado, evade estas convenciones narrativas tanto como las del realismo, de forma que lo kafkiano adquiere una plasticidad casi infinita, que permite al director canadiense participar de sus características sin caer en la imitación o el plagio. Pero hay otros cineastas que apuestan incluso más aún por la esencia de lo kafkiano: la ausencia de sentido último o explicación alguna para los sucesos extraordinarios y, generalmente, traumáticos, que presiden sus obras y empujan a sus antihéroes. Es el caso de David Lynch.

Cuando Barry Gifford, colaborador ocasional de Lynch y autor, entre otras, de las novelas protagonizadas por Sailor y Lula —que a su vez darían lugar a Corazón salvaje (Wild at Heart, 1990) del propio Lynch y a otros títulos tan singulares como Perdita Durango (1997) de Álex de la Iglesia— era preguntado por sus alumnos o por los asistentes a alguna de sus charlas por el significado o la razón del repentino cambio de personalidades de los protagonistas de Carretera perdida (Lost Highway. David Lynch, 1997) a la mitad de su metraje, este se limitaba a responder: "¿Es que ninguno de ustedes ha leído a Kafka? ¿Alguien sabe o podría decirme por qué una mañana Gregor Samsa se despierta convertido en insecto?" (Declaraciones de Gifford durante la decimotercera Semana Negra de Gijón, año 2000).

En efecto, una de las principales, si no la principal, aportación de Kafka al arsenal del horror moderno es su desprecio por las explicaciones, por los "motivos" o "razones" que están detrás de las situaciones angustiosas a las que se enfrentan sus antihéroes. Nunca conoceremos el crimen supuestamente cometido por Josef K. en El proceso, ni el porqué de los inútiles esfuerzos de K., el supuesto o real Agrimensor, para penetrar en El castillo (o el de la constante oposición que encuentra a ellos, por otro lado), ni mucho menos, como señalaba Gifford, el porqué de la trágica y grotesca transformación del señor Samsa. Precisamente en ello reside su impacto seminal y el impacto que sigue provocando su lectura en nosotros, por mucho tiempo que haya pasado desde su publicación.

<<**Normal. Porque como ya se dijo, Kafka no es un autor de terror, sino alguien que produce angustia, inquietud e incomodidad utilizando la ficción fantástica.**>>

Buena parte de la filmografía de David Lynch se ajusta, más que cualquier otra, al adjetivo de kafkiana. Tras darse a conocer en los circuitos artísticos e independientes con Cabeza borradora (Eraserhead, 1977), pesadilla casi experimental en blanco y negro, abiertamente inspirada en motivos de Kafka, en el absurdo de Ionesco y Beckett y en la tradición surrealista tanto europea como estadounidense, Lynch realizó varios notables intentos por acomodarse a la industria de Hollywood, consiguiendo desde sorprendentes éxitos críticos y comerciales —El hombre elefante (The Elephant Man, 1980), biopic sobre la trágica figura de John Merrick— hasta fracasos no menos estimables —el Dune (1984) producido por De Laurentiis del que renegara en su día, pero que el tiempo y la pretenciosa versión de la novela original de Frank Herbert realizada en el nuevo milenio por Denis Villeneuve han puesto en su lugar—. Sin embargo, pronto demostró ser trasero de mal asiento dentro de las convenciones del nuevo, nuevo Hollywood de finales del siglo XX.

Ya con Terciopelo azul (Blue Velvet, 1982) introduce Lynch en la gramática del film noir una serie de disonancias estéticas, narrativas y formales que rompen el esquema del thriller para llevarlo a un territorio más próximo a la pesadilla, aunque todavía sin perder un mínimo de estructura digamos tradicional. Tras la delirante Corazón salvaje y el primer Twin Peaks (1990-1991), su famoso culebrón televisivo destinado a (intentar) acabar de una vez por todas con los culebrones televisivos, poniendo a prueba la paciencia incluso de sus fans, el director decidirá mandar cualquier supuesta coherencia narrativa, todo esqueleto argumental, todo arco de personajes racional y, en definitiva, todo formato cinematográfico convencional a paseo o, mejor dicho, al demonio, al mismo tiempo que no reniega del empleo de recursos, tópicos y estilemas propios del cine de género(s) popular.

Surge así lo "lynchiano", adjetivo que posee ya casi tanto significado propio y reconocible como el de kafkiano o lovecraftiano, atravesando toda su filmografía en general, pero cristalizando esencialmente en torno a tres títulos marcados por su ruptura progresiva pero definitiva con el cine comercial: Carretera perdida, Mulholland Drive (2001) e Inland Empire (2006). En ellos, la deconstrucción, la reductio ad absurdum de la narrativa clásica del cine negro americano, incluyendo el neonoir modernista de los setenta y el posmoderno de los ochenta, asume voluntariamente la creación de un corpus autoral único, cuya propuesta parece ser un surrealismo netamente hollywoodiense y pop en sus referentes culturales, que sin

embargo es construido con toda la sofisticación esotérica, esteticista y terrorista del artista europeo, conocedor y practicante de las tradiciones vanguardistas más oscuras, del Surrealismo y el Dadá al Situacionismo, el Nouveau roman o la Patafísica aplicada.

Aunque la obra mayor de Lynch no pertenece al género de terror en sentido estricto, como en el caso de Kafka es imposible no asociarla al mismo y, sobre todo, al devenir de este en las últimas décadas del siglo pasado y las primeras de este. Son muchas las concomitancias entre el universo lynchiano y el kafkiano. En ambos las cosas suceden en mundos que son y no son el nuestro a la vez. En espacios fuera del tiempo, oníricos y liminales. Ambos están fascinados por la cultura popular. Es bien sabido que Kafka era un amante de la literatura detectivesca y de misterio, así como del wéstern, compartiendo con muchos otros artistas e intelectuales del ámbito germano del momento su pasión por Karl May.

No es ninguna exageración decir que en cierto sentido o al menos en alguno de sus muchos niveles de interpretación posibles, El proceso y hasta El castillo son una especie de anti-novelas policíacas, adelantadas a experimentos muy posteriores como Las gomas o El mirón de Robbe-Grillet. Del mismo modo, Lynch elige el profundamente estadounidense lenguaje del film noir —que, sin embargo, es también el más próximo a ciertas inflexiones de lo kafkiano y a las sombras del fantástico mudo europeo— como código genérico que violentar, introduciendo constantemente en él elementos esotéricos, oníricos y surreales, que recontextualizan su mitología, estética y sentido.

Como en el caso de Kafka, cuya obra abierta y desnuda se presta a interpretaciones teológicas, religiosas y metafísicas, propiciadas por la ambigua posición del autor hacia la tradición judaica y su tar-

día atracción por la cábala, el sionismo y el pensamiento filosófico rabínico, en el de Lynch no es raro tampoco caer en la tentación de aplicar interpretaciones místicas y herméticas de carácter budista, propiciadas a su vez por el interés del director en la filosofía zen y en las técnicas de meditación trascendental, de las que se ha convertido en proselitista. Ambos son también víctimas habituales de interpretaciones psicoanalíticas, inevitables, aunque no siempre deseables.

En definitiva, la técnica lynchiana, por así decir, coincide con la técnica kafkiana en el aspecto más característico de ambas, al que apuntaba la irónica observación de Barry Gifford: la ausencia de rationale alguno, su negación del logos. Sus universos son abiertos, aunque lo sean sobre todo hacia el caos o, más bien, hacia la existencia de uno o varios órdenes de la creación que son y nos serán siempre inalcanzables e incomprensibles. Si seguimos una interpretación teológica o mística, tanto Kafka como Lynch nos impelen hacia una interminable búsqueda de sentido que alcanza el grado último de sinsentido. Si por el contrario nos aferramos a una lectura literal de sus textos literarios y fílmicos, bordeamos peligrosamente el nihilismo. Y ahí, también, está el terror.

Posiblemente, tanto dentro como al margen del cine de horror, Lynch y Cronenberg sean, junto a Terry Gilliam, los cineastas modernos que con mayor derecho pueden reclamar el adjetivo de kafkianos o, al menos, el mérito de utilizar, tanto consciente como inconscientemente, diversos pero evidentes aspectos de lo kafkiano en sus respectivas obras, consiguiendo integrarlos de forma natural, brillante y perfectamente funcional.

Pero lo kafkiano, en esa deriva angustiosa hacia el sentimiento y la emoción del miedo que generan sus principales propiedades, se hace presente en muchos otros directores y películas más o menos encuadrables dentro del género de terror: desde El ángel exterminador (1962) de Luis Buñuel, La hora del lobo (Vargtimmen, 1968) de Ingmar Bergman, El quimérico inquilino (Le locataire, 1976) de Polanski, según el Pánico Roland Topor, La Posesión (Possession, 1981) de Andrezj Zulawski o el Faust (Lekce Faust, 1994) de Jan Švankmajer, en un ámbito eminentemente autoral, hasta Plan diabólico (Seconds, 1966) de John Frankenheimer, La cabina (1972) de Antonio Mercero, Mi novia es un zombie de Soavi, o los filmes de Lorcan Finnegan, y no solo, aunque especialmente, Vivarium (2019), situadas en la difusa frontera del género en su vertiente comercial (al menos en apariencia).

<<Pero sostengo que el origen de las transformaciones es el mismo: ambos hemos despertado a una conciencia forzada de lo que realmente somos, y esa conciencia es profunda e irreversible.>>

Obras todas inscritas en ese modelo de lo kafkiano que se caracteriza por la indefensión de sus antihéroes atrapados en una situación imposible y asfixiante, que carece de cualquier explicación lógica; por la repetición ad absurdum de esa misma situación sin que parezca o sea posible escapar de ella; por sus finales generalmente abiertos o abiertamente

desastrosos para los personajes, y por la presencia visible o invisible de poderes incomprensibles, ya sean autoridades aparentemente humanas o agentes hipotéticamente sobrenaturales, que parecen manejar a su vez la realidad de forma tan incognoscible como abyecta.

En manos de este universo kafkiano, que unas veces lo es más y otras menos (en la medida en que resulte fundamental o tan solo accesorio), los seres humanos nos convertimos todos, como Gregor Samsa, en insectos alienados y fáciles de aplastar. Esta línea de análisis, que abarca desde la transformación del protagonista de "La metamorfosis" pasando por las mutaciones en la filmografía de Cronenberg; el episodio dirigido por el artista de cómic Charles Burns en el filme francés de animación Peur(s) du noir (Blutch, Charles Burns, Marie Caillou, 2007), el Zulawski de The Third Part of the Night (Trzecia czesc nocy, 1971) o los conspiranoicos y alucinados protagonistas de Insectos (Bug, 2006) de William Friedkin, según la obra teatral de Tracy Letts, hasta llegar a la declaradamente kafkiana Mosquito State de Filip Jan Rymsza, autorizan al estudioso de Kafka, Damianos Grammatikopoulos a afirmar que:

"...Como el análisis de caricaturas seleccionadas, novelas gráficas y películas demuestra, la presentación en imágenes de insectos sin especificar (grotescos, hiperdesarrollados, híbridos) en las narrativas visuales es un rasgo genuinamente kafkiano. Su proliferación en los citados medios, es prueba de la influencia continua que los textos de Kafka en general y "La metamorfosis" en particular ejerce sobre los cineastas e ilustradores contemporáneos (...). Además, para Joan, el personaje femenino de El almuerzo desnudo, un "cuelgue a lo Kafka" significa lo mismo que sentirse "como un bicho". Bajo su punto de vista, los bichos funcionan como símbolos que apuntan hacia una obra representativa de los textos de Kafka, "La metamorfosis", y consecuentemente hacia el propio Kafka. Los bichos son kafkianos". (D. Grammatikopoulos: "Insects and the Kafkaesque: Insectuous Re-Writings in Visual and Audio-Visual Media". https://www.mdpi.com/2076-0787/6/3/74).

Bichos, metamorfosis inexplicables e inexplicadas, laberintos interminables, bucles existenciales, mutaciones indeseadas, condenas inapelables, realidades fuera del espacio y del tiempo, abusos y torturas sin motivo, autoridades incognoscibles, crímenes inexistentes, protagonistas aplastados por la sensación de no ser más que meros insectos, autómatas o marionetas cuyos hilos manejan seres invisibles, persecución, paranoia, sentimiento de culpa, repetición y obsesión... ¿Qué sería del terror moderno sin Kafka y lo kafkiano?

Como hemos visto, su ascendiente sobre el género es fundamental, de tal forma que sin ser un escritor de terror su descripción de la condición deshumanizadora de la sociedad, de la fragilidad de la identidad individual (física y psicológica) y de los mecanismos incognoscibles con los que instituciones burocráticas, judiciales (casi cabría decir judiciarias), tecnocráticas y administrativas convierten al ciudadano anónimo en chivo expiatorio, llevada a menudo hasta la reductio ad absurdum, constituye de por sí una de las aportaciones más influyentes en la formación del horror moderno, posmoderno y contemporáneo, marcando con su impronta subgéneros como el body horror y hasta el torture porn, pensemos en el comienzo de Saw (James Wan, 2004), uniendo lo metafísico, existencial y onírico a lo físico, político, familiar y cotidiano, creando su propia variedad de unheimlich.

Por otra parte, por las calles eternamente retorcidas de la vieja Praga barroca, cabalista y esotérica de las primeras décadas del siglo XX, los pasos de Kafka podrían cruzarse con los del genial ilustrador y escritor Alfred Kubin (a quien frecuentó ocasionalmente), con los de Gustav Meyrink y su Golem, con los de los hermanos Josef y Karel Čapek, pioneros de la ciencia ficción, o con los de Ladislav Klima y su decadente, esperpéntico y sicalíptico príncipe Sternenhoch. Más allá aún, si no en lo estilístico, sí a menudo en su trasfondo, la obra kafkiana se entreteje de forma invisible con la de los alemanes Georg Heym, Hanns Heinz Ewers, Karl Hans Strobl y Oskar Panizza, con la del judío austríaco Leo Perutz o con la de los polacos Stefan Grabinski, Karol Irzykowski y Bruno Schulz, artista y escritor judío este último, de trágico final a manos de los nazis, a menudo etiquetado como "el Kafka polaco". Autores fantásticos todos con quienes comparte si no una proximidad estilística, sí el contexto histórico, así como un determinado zeitgeist, un espíritu de su tiempo que, a falta de un término mejor, podríamos denominar "expresionista", y que marca en todos ellos una impronta común.

En cierto modo, siguiendo la pista de Kafka a través del laberinto de la capital checa, trazada por especialistas como Angelo Maria Ripellino en su Praga Mágica (Siruela, 2023) o Patrizia Runfola en Praga en tiempos de Kafka (Bruguera, 2006), llegamos a descubrir la existencia de una turbulenta y feraz corriente o corrientes del fantástico y el horror grotesco centroeuropeo que, a la postre, ha resultado de importancia capital y seminal para el género de finales del siglo XX y comienzos del XXI. No es exagerado decir que lo kafkiano encarna hoy no solo aquello característico de la obra y el pensamiento de Kafka, sino incluso de su mundo, de los autores y artistas que lo rodeaban, en los convulsos estertores del Imperio Austrohúngaro.

Algo muy reconocible en la obra de escritores como Robert Aickman, Shirley Jackson, Kōbō Abe, Roland Topor, Ira Levin, Yasutaka Tsutsui, Thomas Ligotti, Clive Barker, Mark Samuels, Jon Padgett, Kathe Koja, China Miéville, Max Brooks, Michael Faber, Anna Starobinets o Carlton Mellick III, por citar algunos nombres que van desde clásicos modernistas del siglo XX hasta las actuales tendencias del New weird y el New bizarre, que podrían definirse como producto bastardo de una coyunda inesperada entre lo kafkiano y lo lovecraftiano.

Al fin y al cabo, sin duda para sorpresa de ambos si hubieran seguido con vida, Kafka y Lovecraft parecen compartir en sus respectivas weltanschauung más de un rasgo fundamental tan representativo como sustancial para la formación del terror moderno. Especialmente, la ya aludida indefensión de sus personajes ante mecanismos invisibles e incognoscibles que los arrastran inevitablemente a la perdición, como marionetas cuyas cuerdas son manejadas por un Otro u Otros inescrutables e incomprensibles, ya sean fuerzas socio-psicológicas, como en Kafka, ya sean cósmicas, como en Lovecraft, finalmente existenciales y al borde del nihilismo en ambos. Este sentimiento de horror íntimo y vital, más allá del bien y del mal, es el que caracteriza también buena parte del género actual.

El caso de Thomas Ligotti y algunas de sus obras, como por ejemplo los relatos que forman el volumen Mi trabajo todavía no está acabado. Tres cuentos de horror corporativo (Valdemar, 2023), es tan evidente a este respecto que se siente uno tentado a utilizar un nuevo término, no por estrambótico quizá menos ajustado: lo lovecrafkiano. Quizá, la mejor definición del género de horror en el siglo XXI.

*Una versión distinta de este artículo forma parte del libro de próxima aparición Kafka, lo kafkiano y el cine fantástico. Jonathan Allen; Jesús Palacios (Hermenaute, 2024), publicado en colaboración con la Semana de Cine Fantástico y de Terror de San Sebastián y el Festival de Cine Fantástico de Canarias Isla Calavera de Ciudad de La Laguna (Tenerife).

El otoño editorial

POR VICTOR M. MARTÍN
ILUSTRACIÓN JAVI COHEN

El mundo del libro tiene dos grandes momentos de ebullición comercial a lo largo del año, dentro de la frenética carrera de publicaciones que se mantiene. El primero de ellos suele comenzar a finales de febrero o primeros de marzo. El lector ya ha dejado atrás la temida cuesta de enero, y las editoriales, monstruosas, grandes, medianas y pequeñas se preparan para el empujón de ventas que supone anualmente **el día de Sant Jordi** en **Barcelona** (el 23 de abril) y la **Feria del Libro de Madrid,** diecisiete días consecutivos desde finales de mayo donde muchas editoriales y librería se juegan buena parte de sus ingresos anuales.

La segunda eclosión editorial se produce durante el otoño, con el verano ya acabado y los autores preparados para la campaña de Navidad. Desde septiembre hasta finales de noviembre, el bombardeo de novedades es impresionante. En las próximas líneas intentaremos desgajar lo más destacado que podremos encontrar en las librerías durante las próximas semanas, pero ya adelanto que no cabrá todo. Es completamente imposible.

Aunque en el momento en que lean estas líneas, octubre estará ya bien avanzado, empezaremos por septiembre, que entre el jaleo de los libros de texto, las depresiones post vacacionales y otros dramas, igual han pasado desapercibidos algunos títulos que merecen nuestra atención.

SEPTIEMBRE

Suele este ser un mes donde explotan una o dos bombas de relojería, por aquello de que quien primero sale, más camino recorre. A finales de agosto apareció *"El tiempo de las fieras"*, de **Víctor del Árbol (Destino)**, algunos días después, **Impedimenta** cerraba la saga que **Jon Bilbao** iniciaba en 2020 con *"Basilisco"*, con la impactante publicación de *"Matamonstruos"*. **Ignacio Martínez de Pisón** nos entregaba una suerte de memorias de juventud el 4 de septiembre, *"Ropa de casa"* **(Seix Barral)**, el mismo día que las librerías recibíamos *"Los siguientes"*, de **Pedro Simón (Espasa)**, *"El mejor del mundo"*, de **Juan Tallón (Anagrama)**, *"Un lugar inconveniente"*, de **Jonathan Littell (Galaxia Gutenberg)** o *"El niño que perdió la guerra"*, de **Julia Navarro (Plaza & Janés)**, en palabras de su autora, su mejor novela.

Está claro que el mes empezó fuerte, con reimpresiones de las obras más relevantes de **Anne Michaels (Alfaguara)** y **Michael Cunnigham (Lumen)**, o *"Las hogueras"*, de la reivindicada **Concha Alós (Seix Barral)**. Pero nada acaba ahí. **Arsuaga** y **Millás** continúan con sus pedagógicas entregas sobre el ser humano, y este 2024 nos tocaba *"La conciencia contada por un sapiens a un neandertal"* **(Alfaguara)**, y también disponemos ya de la quinta y definitiva, según los autores, entrega de Elena Blanco, *"El clan"*, **de Carmen Mola (Planeta)**.

Sexto Piso nos aportará en este mes dos interesantes novedades, *"Un mundo ciego"*, de **Jesmyn Ward**, una historia de esclavistas firmada por la llamada sucesora de Toni Morrison, y *"Mis fantasmas"* de **Gwendoline Riley**.

Los amantes de la novela de espías a lo John Le Carré tienen la nueva entrega de los *slow horses* de **Mick Herron**, *"En el país de los espías"* **(Salamandra)**, pero tampoco podemos perder de vista *"Las siete"*, de **Rose Wilding (Lumen)**, *"El factor Rachel"*, de **Caroline O'Donoghue (Libros del Asteroide)** o la ciencia ficción nórdica de *"Termush"*, de **Sven Holm (Impedimenta)**.

Más libros imperdibles que hacen de septiembre un mes muy animado son el nuevo ensayo de **Yuval Noah Harari**, *"Nexus"*, y las nuevas entregas de dos autores muy leídos en España: **Amor Towles** publica *"Mesa para dos"* **(Salamandra)** y *"La vida feliz"*, del francés **David Foenkinos (Alfaguara)**. Y el premio literario del mes es para *"Luciérnaga"*, de **Natalia Litvinova (Lumen)**, ganadora del premio Lumen 2024, autora que nació justo el día de la tragedia de **Chernobyl**, no digo más.

Sigue habiendo mucho y bueno en septiembre, como el último **Emma Cline**, *"La invitada"* **(Anagrama)**, *"Biblioteca pública"* de la cada vez más respetada **Ali Smith (Nórdica)** o *"Intermezzo"* de la irlandesa **Sally O'Rooney (Literatura Random House)**. Los amantes de la música podrán acercarse a la biografía del guitarrista **Dave Grohl**, ex de Nirvana y líder de Foo Fighter, *"The Storyteller"* **(Cúpula)** o del glamouroso y gamberro **Elton John**, en una biografía que promete de todo menos humildad, *"Yo"* **(Reservoir Books)**. Y si lo tuyo es el cine, **Francis Ford Coppola** nos cuenta *"El cine en vivo y sus técnicas"* **(Reservoir Narrativa)**. No sabemos si llegará al nivel de las meditaciones cinematográficas que nos regaló **Tarantino** en 2022, pero Coppola lo intentará, en el mismo mes que se estrena su *"Megalopolis"*.

Los amantes del ensayo reivindicativo y cañero tienen *"Cabeza de serpiente"*, de **Patrick Radden Keefe (Reservoir Books)** o *"Habrá fuego. Margaret Thatcher, el Ira y dos minutos que cambiaron la historia"*, de **Rory Carroll (Ariel)**, o la no ficción a lo **Paco Cerdà** de *"Presentes"* **(Alfaguara)**, que narra el *épico* traslado a pie de José Antonio Primo de Rivera desde Alicante hasta El Escorial.

El premio Nobel de 2023, **Jon Fosse** publica *"Hermana"* **(Nórdica)**, una recuperada novela juvenil premiada en 2007; **Manuel Vilas** podrá a prueba a sus amantes y detractores con *"El mejor libro del mundo"* **(Destino)**. **Eloy Moreno** viene dispuesto a reventar las ventas con la continuación de su *"Invisible"*, *"Redes"* **(Nube de Tinta)** y **Alice Kellen** apuesta a ganadora con *"Quedará el amor"* **(Planeta)**.

Rematamos septiembre con tres entregas que prometen horas de lectura jugosas, gratificantes e intensas: *"Theodoros"*, de **Mircea Cartarescu (Impedimenta)**, esa suerte de diario llamado *"Los íntimos"*, de **Marta Sanz (Anagrama)** y *"El hombre del río"*, del tristemente fallecido **Javier Reverte**.

MESA PARA
DOS
AMOR TOWLES

OCTUBRE

Quien piense que todas las cartas ya quedaron puestas sobre la mesa en septiembre, se equivocan, y de qué manera. Empezamos el mes con los *"Cuentos completos"*, de **Joseph Roth (Páginas de Espuma)**, *"Un silencio lleno de murmullos"*, de mi amada **Gioconda Belli (Seix Barral)**, una suerte de guía de La Habana firmada por el gran **Leonardo Padura**, *"Ir a La Habana"* **(Tusquets)**, *"Carnicero"*, de la eterna candidata al Nobel **Joyce Carol Oates (Alfaguara)**, *"La impostura"*, de **Zadie Smith (Salamandra)**, *"Absolución"*, de **Alice McDermott (Libros del Asteroide)**, *"Conquistadores"*, del tradicionalmente breve **Eric Vuillard**, que se va a las casi 500 páginas para contarnos la conquista de Perú por Francisco Pizarro o la reedición del, posiblemente, **mejor manual de escritura** que existe, " *Mientras escribo"* de mi totémico y canónico **Stephen King (DeBolsillo)**.

Seguramente, la novedad del mes para los lectores de best-sellers sea **"La isla de la mujer dormida"**, de **Arturo Pérez Reverte (Alfaguara)**, quien mantiene la sospechosa tradición de ir a libro por año desde 2018. Otra autora superventas, **Eva García Sáenz de Urturi** ve reeditarse una saga muy demandada por los lectores, pero descatalogada desde hace algunos años, *"La saga de los longevos"* **(Planeta)** y también celebraremos el 40 aniversario de uno de los fenómenos super ventas de la literatura española, *"Caballo de Troya"*, de otro autor infatigable, **J. J. Benítez (Booket)**. En bolsillo, eso sí, sin grandes alharacas. Y 50 son los años que cumple *"Carrie"*, otra vez de **Stephen King (Plaza & Janés)**, una oportunidad única de sumar este clásico de la literatura de terror a nuestras estanterías, con prólogo de la gran **Margaret Atwood**. Otra recuperación cuando menos inquietante son los cuentos de la Premio Nacional de las Letras Españolas en 2023, **Cristina Fernández Cubas**, con la reedición de *"El ángulo del horror"* y *"Cosas que ya no existen"* **(Tusquets)**.

También tendremos novedad de **Carmen Posadas**, *"El misterioso caso del impostor del Titánic"* **(Espasa)**, **Máximo Huerta** nos cuenta como le va su aventura de ser librero en *"Mi pequeña librería"* **(Lunwerg Editores)**, el enésimo **John Grisham**, *"Isla maldita"* **(Plaza & Janés)** o una nueva entrega de **La Vecina Rubia**, *"Mi querida Lucía"* **(Cúpula)**.

Si eres amante de la novela negra o del thriller, cuenta con *"Réquiem por todos los muertos"*, de **Colin Dexter (Siruela)**, *"La araña"*, de **Lars Kepler (Reservoir Books)**, *"El cantar del profeta"*, de **Paul Lynch (Alfaguara)**, *"Un corazón tan negro"*, de **Robert Galbraith (Salamandra)** o *"La hora azul"*, de **Paula Hawkins (Planeta)**. Y si estas emociones se te quedan cortas y buscas algo más fuerte, tendrás a mano la reedición de la saga zombie firmada por **Manel Loureiro** hace ya más de una década, *"Apocalipsis Z"* **(Booket)**, una entrega más de *"Five nights at Freddy's"* **(Roca Editorial)**, la recopilación de cuentos *"Gótico botánico"* **(Impedimenta)** o el impagable repaso a la literatura de terror que nos regala **Grady Hendrix** en *"Paperback from Hell"* **(Minotauro)**.

Por el contrario, si lo que te gustan son las aventuras y los romances, estate atento a la salida de *"El amor que dejamos atrás"* de **Rebecca Yarros (Planeta)**, *"Casa de Llama y Sombra"*, de **Sarah J. Maas (Alfaguara)**, *"Wretched. Nunca Jamás 3"*, de **Emily McIntire (Montena)** o *"Corazón roto"* de **Colleen Hoover (Planeta)**.

Para los paladares más exquisitos tenemos *"Me piden que regrese"*, de **Andrés Trapiello (Destino)**, la recuperación de ese clásico que es *"La campana de cristal"*, de **Sylvia Plath (DeBolsillo)**, *"Todo saldrá bien"*, de **Carolina Setterwall (Seix Barral)**, la cuarta entrega de la eterna biografía de **Mussolini** que firma **Anto-**

nio Scurati, *"M. La hora del destino"* **(Alfaguara)**, o el deseado regreso de **Manuel Rivas** con *"Detrás del cielo"* **(Alfaguara)** y el grandísimo **Theodor Kallifatides**, con *"Una paz cruel"* **(Galaxia Gutenberg)**. La mezcla literatura y novela gráfica la aporta el extraordinario **Javier Olivares**, con *"Samuel & Becket"* **(Salamandra Graphics).**

Y si todavía sientes curiosidad por el imperio romano y crees que puedes descubrir nuevos conocimientos, podrás saciarla con *"El Coliseo"* de la premiada **Mary Beard (Crítica)** y otro hiperactivo como **Juan Eslava Galán** que engrandece su colección *escéptica* con *"La historia de Roma contada para escépticos"* **(Planeta)**.

A 15 de septiembre se desconoce quien habrá ganado el premio **Tusquets** de novela, pero sí sabremos que saldrá a la venta el 9 de octubre. Menos de un mes para preparar una portada, maquetar, corregir... La típica maratón de los chicos de Planeta con sus galardones. Y el 23 de octubre po-

dremos adquirir el **Premio Espasa** 2024, cuyo título también desconocemos en la fecha en la que estamos escribiendo este artículo. Nada nuevo bajo el sol, porque el Premio Planeta se fallará el próximo 15 de octubre y a primeros de noviembre tendremos España inundada por este libro. *Cómo logran hacer esta ardua tarea en tan poco tiempo es un misterio al alcance de muy pocos.*

NOVIEMBRE

Pocas balas quedan para este mes, pero sigue habiendo títulos relevantes. Quizá los más esperados por los lectores sean *"Todo muere"*, de **Juan Gómez Jurado (Ediciones B)** y *"Las que no duermen Nash"*, de **Dolores Redondo**. A su rebufo tendremos *"El rey de Os"*, del nórdico **Jo Nesbo (Reservoir Books)** y *"Cuando llega la noche"*, de **Mikel Santiago**. **Penguin** todavía se lame la herida que le he dejado la marcha de la *testosterónica* **Carmen Mola** a Planeta, y aprovecha este oscuro mes pre navideño para unir todas las novelas protagonizadas por la inspectora Elena Blanco en un solo volumen, *"Elena Blanco. El origen"* **(Alfaguara)**, casi 1.200 páginas que no piden pan, pero sí agua, alcohol y toallas para limpiar tanta sangre.

El cansino simpático **Karlos Arguiñano** vuelve a las librerías por Navidad con su contundente (por tamaño y peso) *"545 recetas para triunfar"* **(Planeta)**. El punto de inflexión del mes será el 13 de noviembre, fecha en la que deberían llegar a todas las librerías de España las ediciones del coleccionista de *"Alas de Sangre"* y *"Alas de Hierro"* **(Planeta)**. También de corte fantasy será *"Una corte de alas y ruina"*, de **Sarah J. Maas (Crossbooks)**, la edición ilustrada del primer volumen de *"Canción de Hielo y Fuego"*, *"Juego de Tronos"*, **de George R. R. Martin (Plaza & Janés)**, pero nada se sabe de los deseadísimos *"Vientos de invierno"*. **Brandon Sanderson**, uno de los grandes autores de fantasía actual, cuyo ritmo de trabajo comienza a levantar serias sospechas, nos trae el quinto volumen del *"Archivo de las Tormentas"*, *"Viento y verdad"* **(Nova)**.

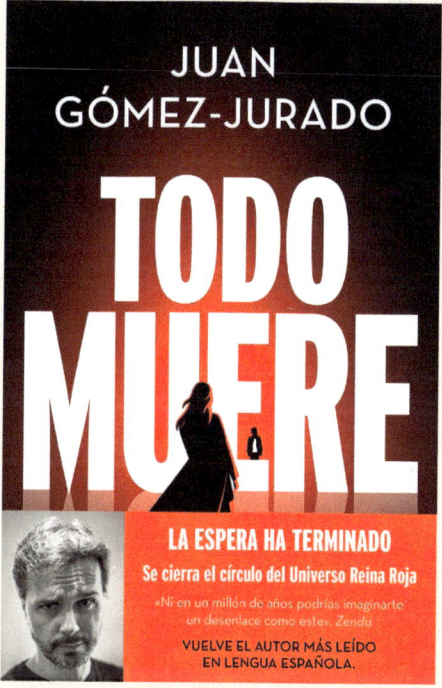

La cuota de otros autores, otras lecturas, la encabezan la canadiense **Margaret Atwood**, con sus cuentos *"Perdidas en el bosque"* **(Salamandra)**, "Manifiesto criminal" de **Colson Whitehead (Literatura Random House)**, *"Cartas de una vida"* de **Irene Nemirovsky (Salamandra)**, *"La mujer incierta"*, de **Piedad Bonnett (Alfaguara)**, la reedición en bolsillo de *"Al pie de la escalera"* de **Lorrie Moore (Booket)**, *"Un perro de carácter"*, del húngaro **Sandor Marai (Salamandra)**, la nueva novela de la revelación **Sara Torres**, *"Lo que hay"* **(Reservoir Books)** o la última novela de la prematuramente desaparecida **Angela Carter** (fallecida en 1992), *"Niñas sabias"* **(Sexto Piso)**.

Ángel Martín continuará explotando el filón biográfico con *"Punto para los locos"* **(Planeta)**, como biográficos son también los acercamientos de **Ian Nathan** a *"Steven Spielberg"* **(Cúpula)** o la novela gráfica *"Andy Warhol"* de **Michele Botton** (también en **Cúpula**).

Para los amantes de las series, en noviembre podrán conseguir todo *"Manolito Gafotas"*, de **Elvira Lindo (Seix Barral)** o todo *Harry Potter* en diferentes estuches según las casas elegidas. En cambio, si en lugar de viajar a Hogwarts apetece hacerlo a un sitio más desapacible e inhospito, tienes la opción de leer *"Un héroe olvidado"*, de **Michael Smith (Capitán Swing)**, biografía de **Tom Crean**, uno de los pocos hombres que viajó junto a **Robert Scott** y **Sir Ernest Shackleton**.

Y vamos a parar ya de reseñar novedades, aunque no crean que no quedan en el tintero autores y libros interesantes: *"Una tienda en Chicken Hill"*, de **James McBride (Tusquets)**, *"Las lobas de Pompeya"*, de **Elodie Harper (Destino)**, *"La Divina Comedia. Infierno"*, de **Dante (Blackie Books)**, "El buen vasallo", de **Francisco Narla (Grijalbo)**, *"La montaña del tesoro"*, de **Martì Gironell (Destino)**, *"El ministerio del futuro"*, de **Kim Stanley Robinson (Minotauro)**, *"Herodes el grande"*, de **José Luis Corral (Ediciones B)**, *"Luna roja"* de **Nieves Herrero (Ediciones B)**, *"El ladrón de cuadernos"* de **Gianni Solla (Tusquets)**, *"Las huellas"*, de **Jorge Carrión (Galaxia Gutenberg)** o *"Nada sucede la víspera"* de **Chufo Llorens (Grijalbo)**.

Si los datos que nos dice **Enrique Redel** en su entrevista son ciertos, entre septiembre y noviembre se publicarán cerca de 2.500 títulos. Bastante hemos hecho ya reseñándote estos...

REIMPRIMIENDO

LOS ESCRITORES QUE NOS HAN DEJADO EN 2024

1 de enero
James Herbert Brennan, 83 años
David J. Skal, 71 años

2 de enero
Joaquín M. Barrero, 84 años
Brian Lumley 86 años

10 de enero
Terry Bisson, 81 años

26 de enero
Goran Petrovic, 62 años

31 de enero
Mario Levi, 66 años

18 de febrero
Fernando G. Delgado, 77 años

15 de marzo
Frans de Waal, 75 años

20 de marzo
Vernor Vinge, 79 años

27 de marzo
Daniel Kahneman, 90 años

2 de abril
John Barth, 93 años
Maryse Condé, 85 años

27 de abril
Francisco Rico, 81 años
C. J. Sansom, 71 años

30 de abril
Paul Auster, 77 años

12 de mayo
Alice Munro, 92

22 de mayo
Caleb Carr, 68 años
John Maddox Roberts, 76 años

2 de junio
Edgardo Cozarinsky, 85 años

1 de julio
Ismail Kadaré, 88 años

12 de julio
Tonke Dragt, 93 años

17 de julio
Rosa Regàs, 90 años

21 de julio
Julia Uceda, 98 años

27 de julio
Edna O'Brien, 93 años

28 de agosto
Steve Silberman, 66 años